Grenzenlose
Erleichterung

Gronau, Felix
Grenzenlose Erleichterung –
bewusst und glücklich sein
© J. Kamphausen Verlag &
Distribution GmbH
info@j-kamphausen.de
www.weltinnenraum.de

Lektorat: Richard Reschika /
Doris Stickelbrocks
Typografie und Satz: Wilfried Klei
Umschlag-Gestaltung:
Shivananda Ackermann
Druck & Verarbeitung:
Westermann Druck Zwickau

3. Auflage 2010

Bibliografische Information der Deutschen Nationalbibliothek

Die Deutsche Nationalbibliothek verzeichnet diese
Publikation in der Deutschen Nationalbibliografie;
detaillierte bibliografische Daten sind im Internet
über **http://dnb.d-nb.de** abrufbar.

ISBN 978-3-933496-89-8

Dieses Buch wurde auf 100% Altpapier gedruckt und ist alterungsbeständig.
Weitere Informationen hierzu finden Sie unter www.weltinnenraum.de

Alle Rechte der Verbreitung, auch durch Funk, Fernsehen und
sonstige Kommunikationsmittel, fotomechanische oder vertonte Wiedergabe
sowie des auszugsweisen Nachdrucks vorbehalten.

Felix Gronau

Grenzenlose
Erleichterung

bewusst und glücklich *sein*

1. Einleitung 7

2. Die scheinbare Welt (I) 10

3. Blitze aus bewölktem Himmel 13

4. Die scheinbare Welt (II) 21

5. Gott, wer bist du? 25

6. Die fast perfekte Illusion 36

7. Gott, wer bin ich? 39

8. Bewusst sein, bewusst zu sein 48

9. Entlang der Grenze 58

10. Das mysteriöse Ich 69

11. Einblicke ins leere Nichts 74

12. Popcorn 86

13. Der Mond im Teich 92

14. Die irreale Welt der Gedanken 111

15. Die letzte große Anstrengung 116

16. Das verborgene Bewusstsein 136

17. Die erste große Erleichterung 145

18. Ein Sache der Gewohnheit 163

19. Der Schmetterling und das Feuer 170

20. Dualität und Realität 185

21. Mitten im Leben 194

I.
Einleitung

„Leben Sie jetzt die Fragen.
Vielleicht leben Sie dann allmählich, ohne es zu bemerken,
eines fernen Tages in die Antworten hinein."
R. M. Rilke,
Briefe an einen jungen Dichter

Schon in frühen Kinderjahren stellte ich Fragen nach dem lieben Gott, die meine Mutter geduldig und fürsorglich beantwortete. Ihre Antworten faszinierten mich, und ich wollte mehr Antworten und stellte mehr Fragen. Eines Tages sagte meine Mutter:

„Du kannst entweder glauben oder wissen. Wenn du dich für das Wissen entscheidest, wirst du deinen Glauben verlieren."

Diese Warnung erschreckte mich, und ich gab für längere Zeit die Fragen auf, um weiterhin glauben zu können.

Als Jugendlicher beschäftigte ich mich intensiv mit den Geheimnissen des Lebens, dachte über sie nach, schrieb über sie, las psychologische Fachliteratur und begann zu meditieren. Von diesen ungewöhnlichen Aktivitäten ihres heranwachsenden Sohnes beunruhigt, warnte mich meine Mutter mehrfach:

„Man experimentiert nicht mit seiner Seele – denn der Mensch versuche die Götter nicht und begehre niemals zu schauen, was sie gnädig bedecken mit Nacht und Grauen!"

Immer wieder bemühte ich mich, einfach nur zu glauben und das Fragen und Suchen ruhen zu lassen; vergeblich. Es ließ *mich* nicht ruhen.

Im Alter von 31 Jahren packte mich an einem Wochenende ein erstes Gewitter von Selbsterkenntnis. Es hatte eine derart verwirrende und gleichzeitig befreiende Wirkung auf mich, dass ich von da an nur noch zwei Dinge wirklich wollte: die Wahrheit erkennen und ihr gemäß leben.

15 Jahre später begegnete ich dem Grauen, das die Wahrheit verdeckt. Ich irrte monatelang darin herum, bis ich den Weg fand, der hinausführt. Nach einer kurzen Erholungspause entschloss ich mich, in einer kleinen Holzhütte zu leben und dort so lange zu meditieren, bis der Durchbruch zur Wahrheit geschafft sei. Dabei begegnete ich der Nacht, jener Finsternis, die ebenfalls die Wahrheit verdeckt. Wieder irrte ich darin herum, bis ich den Weg fand, der hinausführt.

Das Erkennen der Wahrheit vollzog sich in meinem Fall schrittweise. Es entfaltete sich von meiner Kindheit an bis heute und wird auch weiterhin seinen Lauf nehmen. Das Gewitter der Selbsterkenntnis, die Konfrontation mit dem Grauen und die Begegnung mit der Finsternis waren nur einzelne herausragende Ereignisse in einer Kette von Ereignissen, die durch alle Jahre hindurch immer mehr Wahrheit enthüllten. Kein einziges, kein noch so geringes Glied dieser Kette hätte fehlen dürfen.

Die Warnungen meiner Mutter waren berechtigt, denn zum einen habe ich den Glauben an meine Illusionen verloren, dafür aber Gewissheit gewonnen. Zum anderen wurde ich mit all dem konfrontiert, worin die Götter sich selbst verhüllen.

Rückblickend kann ich sagen, dass ich meinen Weg nicht aus eigenem Entschluss gewählt hatte. Ich musste ihn einfach gehen. Aber er entsprach mir voll und ganz – und tatsächlich machte er mir auch Spaß. Ich empfand Freude, ihn zu gehen, und erlebte dabei den tiefsten Sinn meines Lebens.

Nach meiner Rückkehr aus der Hütte wurde dieses Buch geschrieben. Es erinnert die Leser daran, dass sie nicht das Ich sind, für das sie sich halten, sondern weit mehr: unpersönliches Dasein, absolut bewusst, intelligent und schöpferisch.

Wie alle Dinge in unserer dualen Welt, so hat auch diese Erkenntnis zwei Seiten. Sie ist in höchstem Maß befreiend, bedeutet jedoch gleichzeitig den Abschied von all den gewohnten Illusionen, die wir uns über uns selbst und das Leben machen. Obwohl wir in regelmäßigen Abständen unter unseren falschen Vorstellungen leiden, weil sie zwangsläufig immer wieder mit der lebendigen Realität kollidieren, fällt uns der rigorose Verzicht auf lieb gewonnene Überzeugungen nicht leicht.

Dieses Buch gibt meine Erfahrungen und Einsichten wieder. Manchmal schildere ich sie in groben Zügen, manchmal detailliert. Meine Absicht ist es, den Leserinnen und Lesern ein Wiedererkennen dessen zu ermöglichen, was sie schon selbst ähnlich erlebt haben. Ich möchte sie ermuntern, den eingeschlagenen Weg trotz gelegentlicher Zweifel und Ängste fortzusetzen. Es lohnt sich.

Die vorliegende Neuauflage ist eine gründliche Überarbeitung und sorgfältige Aktualisierung des ursprünglichen Textes. Sie dient als Orientierungshilfe *für unterwegs*. Das Wissen über den Weg und das Ziel ist jedoch vollkommen unbrauchbar, wenn der Leser nicht selbst *geht* – und das bedeutet paradoxerweise: im wachen Bewusstsein der eigenen Anwesenheit *stehen zu bleiben*.

2.
Die scheinbare Welt (I)

Bei oberflächlicher Betrachtung sieht es so aus, als ob wir Menschen gemeinsam mit allen anderen Lebewesen in einer einzigen Welt leben, die aus Materie besteht und objektiv erfahrbar ist. Wenn wir genauer hinschauen, erkennen wir, dass es so viele unterschiedliche Welten gibt wie Lebewesen. Jedoch jede dieser Welten wird ausschließlich subjektiv erfahren, und sie alle bestehen lediglich aus Energie.

In Wirklichkeit sind die materiellen Dinge nicht so, wie sie für uns Menschen aussehen. Ein Baum z. B. ist leerer Raum, in dem Energie mit hoher Geschwindigkeit vibriert. Wir aber nehmen den Baum *nicht* als Energiewirbel wahr, sondern als ein materielles Objekt.

● **Unser Weltbild ist eine Illusion.**

Wie wir ein äußeres Objekt wahrnehmen, hängt von unseren Sinnesorganen ab und davon, wie deren Informationen in unserem Gehirn verarbeitet werden.

Ein Grashalm ist nicht grün. Er enthält alle Farben des gesamten Spektrums – außer Grün. All seine Farben reflektiert er, und sobald sie in unserem Gehirn ankommen, meldet es uns die *fehlende* Farbe, und die sehen wir dann: Grün.

Ein Grashalm ist von schillernder Farbenpracht – doch wir sehen ein Grün, das überhaupt nicht vorhanden ist. Genau dasselbe passiert uns mit allen Objekten:

● **Wir sehen nicht das, was ist; wir sehen das, was *nicht* ist.**

Unsere Augen erzeugen eine illusionäre Welt. Wenn wir die Augen einer Fliege hätten, würden sie uns eine ganz andere Welt zeigen! Dann würden wir *das* für die Wirklichkeit halten.

Und ohne Augen wäre für uns *nichts* zu sehen.

● **Wir hören das, was *nicht* da ist.**

Ein Vogel erzeugt in seiner Kehle energetische Vibrationen, die aufgrund der Beschaffenheit unserer Ohren als Schallwellen wahrgenommen werden und im Gehirn zu Tönen mutieren. Daraufhin hören wir ein liebliches Gezwitscher.

Aber jedes Tier, dessen Ohren anders gebaut sind als unsere, hört die Welt völlig anders als wir. Und ohne Ohren gibt es selbstverständlich keine Töne – dann würden wir den Gesang eines Vogels klanglos wahrnehmen: als energetische Schwingung.

Kein Klang ist wirklich vorhanden. Unsere Ohren erzeugen eine illusionäre Welt. Tatsächlich existiert da draußen vollkommene Stille, in der lediglich Energie vibriert.

● **Niemand sieht die Welt, wie sie ist ...**

Alle anderen Lebewesen nehmen die materiellen Dinge anders wahr als wir Menschen. Deshalb ist nicht die Frage, wer die Wirklichkeit so sieht, wie sie ist, oder wer die Welt richtig oder falsch sieht – Lebewesen können die Welt nur falsch sehen!

Das, was als die materielle Welt erlebt wird, ist eine Sinnestäuschung, eine sensorische Illusion.

● **... und trotzdem klappt alles bestens!**

Obwohl alle Lebewesen die Welt unterschiedlich wahrnehmen und obwohl ihnen allen die Wirklichkeit verborgen bleibt, findet sich erstaunlicherweise jedes Lebewesen gut in der völlig unbekannten Realität zurecht.

3.

Blitze aus bewölktem Himmel

Im Alter von etwa sechs Jahren erzählte ich meiner Mutter verzweifelt, dass ich nachts manchmal Albträume hatte.

„Aber das sind doch bloß Träume", sagte sie. „Du brauchst beim Träumen keine Angst zu haben. Du weißt doch, dass du morgens immer gesund und munter aufwachst, egal, was du geträumt hast."

Einige Nächte später träumte ich, dass eine riesige Lokomotive auf mich zugerast kam und ich in größter Panik versuchte, vor ihr wegzulaufen. Dann plötzlich, während des Laufens, dachte ich:

„Das ist bloß ein Traum. Morgen wache ich wieder gesund auf."

Sofort blieb ich stehen und wandte mich um. Die Lokomotive war schon sehr nah und donnerte weiter auf mich zu. Ich sah ihr ohne Angst entgegen. Stattdessen empfand ich eine überwältigende Neugier: Was würde wohl geschehen, wenn ich gleich überrollt würde?

Im Augenblick des Aufpralls war der Traum zu Ende und ich schlief seelenruhig weiter. Für eine lange Zeit hatte ich danach keine Albträume mehr. Sie waren uninteressant geworden, da mir ohnehin nichts passieren konnte. Als sie dann etwa 40 Jahre später wiederkamen, hatte ich das Wissen, wie mit ihnen umzugehen ist, vergessen. Ich litt sehr unter ihnen – bis ich mich wieder erinnerte.

Als Kind war ich groß, schmal und blass, anfällig für Krankheiten, dazu erzogen, gegenüber Erwachsenen höflich zu sein und mich innerhalb unserer Familie angepasst zu verhalten. Im Umgang mit anderen Kindern war ich entweder überheblich, wenn ich damit durchkam, oder gehemmt.

Ich hatte keinen Freund und keine Freundin und spielte am liebsten allein in meinem Zimmer oder in unserem Garten Cowboy und Indianer. Dabei übernahm ich die entsprechenden Rollen alle selbst. Das größte Vergnügen bereitete es mir, zu sterben. Imaginäre Kugeln oder Pfeile durchbohrten mich, und ich fiel von Stühlen, die mir als Pferd dienten, von Tischen, die Bergplateaus darstellten, und von Bäumen, in deren Ästen ich mich versteckt hatte.

Ich rauchte gelegentlich und onanierte häufig. Oft war ich „woanders", und das meistgebrauchte Kommando meiner Eltern bestand in der Aufforderung: „Sei endlich bei der Sache!" Nur aufgrund endloser Nachhilfestunden schaffte ich die Aufnahmeprüfung fürs Gymnasium. Ein paar Tage lang glaubten meine Eltern, das Schlimmste sei jetzt überstanden und die Welt endlich in Ordnung. Ich hoffte dasselbe.

Aber auch als Junge blieb ich groß, schmal und blass, anfällig für Krankheiten, im Umgang mit anderen Kindern entweder überheblich oder gehemmt. Ich spielte weiterhin allein mein Todesspiel und rauchte mehr als zuvor. Den Lehrern gegenüber, die sich das bieten ließen, war ich aufsässig.

Nur wenn ich mich nicht mehr zusammenreißen konnte, rebellierte ich auch zu Hause, wo man mich dann derart disziplinierte, dass ich mich für die nächsten Monate wieder unterordnete.

Nun war ich eigentlich kaum noch ganz bei der Sache, sondern meistens „woanders".

Im Alter von zehn oder elf Jahren bemerkte ich vor dem Einschlafen einen großen Raum. Ich lag mit geschlossenen Augen auf dem Bauch, wie ich es beim Schlafen immer tat, schlief aber noch nicht und schien in diesen Raum, der sich unter mir befinden musste, hineinzuschauen. Abgesehen von einem Restlichtschimmer war es vollkommen dunkel in ihm.

Während ich noch fasziniert schaute, bemerkte ich, dass er groß und tief war und sich auf eine unerklärliche Weise *in mir* befand. Nun wurde er immer größer und immer tiefer, und irgendwann bekam ich es mit der Angst zu tun. Im selben Augenblick befand sich der Raum nicht länger in mir, sondern wieder unter mir, während ich auf dem Bauch direkt über ihm lag. Jetzt ergriff mich Panik, hineinfallen zu können. Ich rappelte mich im Bett auf und beendete so die eigenartige Erfahrung.

Wenige Jahre später brannte sich eine besondere Stunde des Konfirmandenunterrichts fest in mein Gedächtnis. Wir sprachen über die Aussage Jesu: „Das Reich Gottes ist inwendig in euch" (Lukas 17,21). Ich war zutiefst verblüfft und fasziniert von dieser Feststellung, und sofort schoss mein Arm in die Höhe. Es entspann sich sinngemäß folgender Dialog zwischen mir und dem Pastor:

„Wo genau in mir befindet sich der Himmel?"

„In deinem Herzen."

Dann konnte irgendetwas mit den Größenverhältnissen nicht stimmen, folgerte ich sofort und fragte:

„Was ist das Reich Gottes?"

„Der Ort, wo Gott wohnt und Jesus Christus und die Engel und alle, die dort hingelangt sind."

„Wie passt dann der Himmel in mein Herz?"

„Das weiß ich nicht. Aber Jesus weiß das, und du kannst ihn fragen. Er wohnt ja in deinem Herzen."

Ich vergaß damals, Jesus zu fragen, und als ich etwa 20 Jahre später auf der Suche nach jener Aussage das Neue Testament las, fand ich sie dort nicht mehr. Meine Nachforschungen ergaben, dass die Bibelkommission die entsprechende Stelle verändert hatte in: „Das Reich Gottes ist mitten unter euch." Damit war der entscheidende Hinweis, dass wir Gott *in uns* suchen sollen und finden können, aus dem Text entfernt worden.

Als Jugendlicher verfiel ich nach der Trennung von meiner ersten großen Liebe, dem Sonnenschein jener Jahre, für einige Wochen dem Alkohol. Dann gab ich zwar das Trinken wieder auf, aber ich verbrachte die nächsten zehn Jahre damit, über Selbstmord nachzudenken und Geschichten über den Tod zu schreiben. Ganz bei der Sache war ich eigentlich überhaupt nicht mehr – ich war fast immer „woanders".

Das Abitur absolvierte ich auf ebenso unvorstellbare Weise wie damals die Aufnahmeprüfung. Anschließend unterzog ich mich der Banklehre, die meine Eltern für mich vorgesehen hatten, und auch die bestand ich wider alle Vernunft. Schließlich trat ich in die Firma meiner Eltern ein, und die nächste Überraschung offenbarte sich: Innerhalb kürzester Zeit avancierte ich zu einem äußerst erfolgreichen Kaufmann.

Allerdings war ich immer noch groß, schmal und blass, anfällig für Krankheiten, im Umgang mit Kindern schroff abweisend, im Umgang mit Erwachsenen überheblich, wenn ich damit durchkam, oder gehemmt, wenn sie es sich nicht bieten ließen. Aber immerhin war ich erfolgreich, bei Konkurrenten gefürchtet, bei Kollegen angesehen und bei den meisten meiner Mitarbeiter beliebt. Mein Wunsch nach Freiheit fand in sexuellen Abenteuern sein Ventil, und ich rauchte fast ununterbrochen.

Als ich 27 Jahre alt war, führten mich meine verdrängten Lebensimpulse in eine Gelbsucht, an der ich fast gestorben wäre.

„Ich verstehe das nicht", sagte der mich behandelnde Arzt, als sich meine Blutwerte erneut dramatisch verschlechtert hatten. „Wollen Sie eigentlich nicht gesund werden?"

Von der Frage viel zu verblüfft, um die Antwort überlegen zu können, sagte ich:

„Nein."

Ein erleichtertes Lächeln überzog sein Gesicht, als wäre er froh, endlich den Grund für das Scheitern seiner Bemühungen zu erfahren.

„Warum nicht?", fragte er nach einigen Augenblicken.

Und wieder antwortete ich wie in Trance ehrlich:

„Das Leben ist viel zu anstrengend."

Er nickte und schwieg lange. Endlich stand er auf und reichte mir zum Abschied die Hand.

„Wenn das so ist", sagte er, drückte meine Hand und sah mir fest in die Augen, „dann sollten Sie öfter mal eine Tasse Tee trinken!"

Absolut verblüfft verließ ich das Sprechzimmer, aber ich weiß noch heute, dass ich plötzlich nicht mehr woanders war, sondern ganz bei mir. Ich fuhr nach Hause, kaufte mir unterwegs einen exotischen Tee und ein exklusives Teeservice. Ich bereitete den Tee zu, und während ich ihn schluckweise trank, war ich vollkommen bei der Sache und entschloss mich, dem Leben noch eine Chance zu geben:

Ich wollte wieder regelmäßig meditieren.

Im Alter von 15 Jahren war mir ein Buch über Yogis in die Hände gefallen, und beim Lesen hatte ich verstanden, dass Meditation das Innere eines Menschen verändern und ihm Macht über seine äußeren Lebensumstände verleihen kann. Nach der Lektüre setzte ich mich damals sofort hin und meditierte in der festen Überzeugung, es ohne genaue Anleitung zu können.

Nur wenige Wochen später ahnte ich, dass Meditation und Psychologie irgendwie zusammengehören, und begann, die Bücher von Sigmund Freud zu lesen. Als ich ein halbes Jahr danach aufgrund meiner miserablen Schulzensuren ins Internat kam, hatte ich Freuds gesammelte Werke bereits verschlungen, und ich kaufte und las in den folgenden Jahren alles, was sich irgendwie mit den Themen Meditation oder Psychologie beschäftigte. Außerdem experimentierte ich in meiner Freizeit mit jeder interessanten Technik der Selbst- oder Fremdhypnose.

Wann immer mein Leben unüberschaubar wurde, setzte ich mich seitdem auf ein Kissen und schloss die Augen. Die relative Ruhe, die ich dabei und danach empfand, schenkte mir ein unbestimmtes Gefühl, das eigentlich belanglos, im Vergleich zu meinem

Alltagsempfinden jedoch recht angenehm war. Ich meditierte auf diese Weise während all der folgenden Jahre und auch noch als Kaufmann, aber nur mit großen zeitlichen Abständen.

Auch nach jenem Arztbesuch erinnerte ich mich an die Übung, und wie ich es bei dieser Tasse Tee beschlossen hatte, nahm ich sie erneut auf. Und noch etwas anderes hatte ich beschlossen: nie wieder an Selbstmord zu denken. Drei Wochen später waren meine Blutwerte normal und die Gelbsucht verschwunden.

Im Alter von 31 Jahren war ich immer noch groß, schmal, blass, anfällig für Krankheiten, Kettenraucher, erfolgreicher Geschäftsmann, ständig auf der Suche nach sexuellen Abenteuern und außerdem seit gut zwei Jahren abhängig von einem starken Beruhigungsmittel.

An einem Freitag im November fuhr ich mit dem Auto nach Inzell zu einem Management-Seminar. Ohne den geringsten äußeren Anlass begann ich dort, als ich mich der Gruppe vorstellen sollte, zu weinen. Es war ein lautes, tränenreiches Weinen, das den Körper schüttelte und nicht zu stoppen war. Ich konnte nicht sprechen, mich nicht zusammenreißen – ich *musste* weinen, obwohl ich wusste, dass es anstößig laut war und dass Rotz, Tränen und Schweiß in nicht endenden Strömen flossen.

Ich weinte etwa sechs Stunden lang. Dabei empfand ich vom ersten Augenblick an einen furchtbaren Schmerz in mir, der so groß und grauenvoll war, dass es keine andere Möglichkeit gab, als zu weinen. Nach kurzer Zeit schmerzte dann auch der Körper, der die enorme Belastung durch die Weinkrämpfe nicht gewohnt war. Es tat überall im Rumpf so bestialisch weh, dass ich schon deshalb weinen musste.

Irgendwann entspannte sich plötzlich mein Körper. Ich lag auf einer Decke am Boden und hatte keinerlei körperliche Beschwerden mehr. Ich fragte mich, warum ich denn überhaupt weinte, und sofort schoss jener innere Schmerz wieder wie ein Blitz in mein

Bewusstsein. Obwohl ich seine Botschaft nicht verstehen konnte, zerriss er mich buchstäblich.

Nach etwa einer Stunde trat eine erste plötzliche Unterbrechung auf. Das Weinen stoppte unvermittelt, und mir wurde klar, dass ich über mein Leben weinte. Diese Einsicht tat so weh, dass das laute Weinen als Reaktion darauf sofort wieder einsetzte.

Während des Weinens konnte ich nicht überlegen. Ich erlebte einfach nur den immensen inneren Schmerz. Aber nun traten in regelmäßigen Abständen sekundenkurze Weinstopps auf, und während dieser fragte ich mich, was denn in meiner Vergangenheit dermaßen traurig gewesen war. Sofort offenbarte sich dann jeweils eine besondere Situation meines bisherigen Lebens. Ich sah sie vor mir wie eine Erinnerung und befand mich gleichzeitig in ihr wie damals und erlebte sie noch einmal. Aber das ging alles sehr schnell und mit der ungeheuren Wucht eines Blitzschlages vor sich.

All diese Situationen der Vergangenheit schienen von großer Wichtigkeit für mich und mein weiteres Leben gewesen zu sein. In allen hatte ich jeweils das getan, was ich eigentlich nicht hatte tun wollen, oder ich hatte das nicht getan, was ich eigentlich hatte tun wollen. Dieses Erkennen war so ungeheuer schmerzhaft, dass das Weinen sofort wieder aus mir herausbrach.

Nach dem dritten oder vierten Blitzlicht auf meine Vergangenheit erlebte ich während des folgenden Weinstopps eine überwältigende Dankbarkeit dafür, dass dieser Vorgang jetzt stattfand. Mir war absolut bewusst, dass es ein ungeheures Geschenk für mich war, diese Dinge endlich sehen zu dürfen, die ich immer übersehen hatte. Ich nahm deshalb den Schmerz und das Weinen gern in Kauf. Auch diese Dankbarkeit empfand ich wie einen vernichtenden Blitzschlag, und auch sie war nur durch Weinen zu überstehen.

Blitzschlag für Blitzschlag erhellte mein zurückliegendes Leben.

Nach ungefähr sechs Stunden kam ein erneuter Weinstopp, und eine tiefe innere Ruhe erfüllte mich, die köstlich war. Ich wartete, dass mich wieder der nächste Blitz zerschmettern würde, aber er blieb aus. Ich putzte mir die Nase und merkte, dass das überwältigende Geschehen allem Anschein nach vorbei war.

Da ich nicht hatte sprechen können, weil ich ständig weinen musste, hatte niemand die leiseste Ahnung, was in mir vorging. Nun erhob ich mich von der Decke und hatte erstaunlicherweise nicht das Bedürfnis, mich zu erklären. Ich schwankte in mein Zimmer, holte die Packung mit dem Beruhigungsmittel aus meiner Aktentasche und leerte den Inhalt ins Klo. Ich war vollkommen ruhig und ganz bei der Sache.

„Nie wieder das Alte!", schwor ich laut, als ich die Spülung betätigte. Der Satz klang seltsam, aber na gut. Vieles in meinem bisherigen Leben war anscheinend recht seltsam gewesen.

Dann bemerkte ich, dass ich Hunger und Durst hatte. Während des Essens wurde mir klar, dass ich nicht im Mindesten traurig, deprimiert oder gar verzweifelt war. Ich spürte in mich hinein und entdeckte eine wilde Entschlossenheit, ab jetzt alles anders zu machen. Ich wusste nicht, wie das genau vor sich gehen sollte, aber ich hatte immerhin etwas, an dem ich mich orientieren konnte: „Nie wieder das Alte!"

Das Weltbild, dem zufolge da draußen eine objektive materielle Welt existiert, ist für die meisten Menschen allgemein verbindlich. Außerdem verfügt jeder Mensch auch noch über

4.
Die scheinbare Welt (II)

ein spezielles Weltbild, das von Individuum zu Individuum unterschiedlich ist. Es besteht aus den Gedanken und Emotionen des Einzelnen und verhüllt wie mit einem dichten Schleier sowohl die materiellen Dinge, als auch alle Lebewesen und alle Ereignisse.

- **Wie wir ein Lebewesen, Ding oder Ereignis wahrnehmen, hängt von unseren Gedanken und Emotionen ab.**

Da wir im Moment des Wahrnehmens nicht bemerken, dass wir gleichzeitig auch noch denken und emotional bewegt sind, sieht es für uns so aus, als enthielten die wahrgenommenen Lebewesen, Dinge und Ereignisse jene *Eigenschaften*, die gerade als Gedanke oder Emotion *in uns selbst* aufsteigen.

- **Alles ist nur Projektion!**

Wenn wir etwas, das lediglich in uns selbst existiert, außerhalb von uns in der Welt wahrzunehmen glauben, nennt man dies „Projektion". Es handelt sich um einen Vorgang, der die menschliche Wahrnehmung ständig an der Nase herumführt. Projektion zeigt uns da draußen Dinge, die in Wirklichkeit *nicht* dort existieren: Illusionen. Die halten wir für real, weil sie so real aussehen.

Kein Ding oder Lebewesen hat die Eigenschaften, die wir in ihm zu erkennen glauben – es sind *unsere* inneren Empfindungen, die wir nach draußen projiziert haben und nun dort zu sehen meinen.

Auch keine einzige Situation, mit der uns das Leben konfrontiert, ist tatsächlich so, wie wir sie zu sehen meinen. Aufgrund unserer verzerrten Wahrnehmung wandern wir rastlos durch einen Irrgarten persönlicher Illusionen. Unser jeweiliges Handeln entspricht den Illusionen, die wir für wahr halten, und nicht der Realität. Solches Tun kann nicht zu den gewünschten Resultaten führen, sondern schafft zwangsläufig neue Probleme.

- **Direkte Projektionen zeigen *unsere Eigenschaften* im Außen.**

Bei *direkten* Projektionen meinen wir, außerhalb von uns bestimmte Eigenschaften zu sehen, die in Wirklichkeit nur zu uns selbst gehören. Unser eigener Geiz beispielsweise vermittelt uns den Eindruck, geizigen Mitmenschen zu begegnen.

- **Indirekte Projektionen weisen auf *unsere aktuelle Befindlichkeit* hin.**

Bei *indirekten* Projektionen meinen wir, im Außen einem bestimmten Reiz zu begegnen, der ein entsprechendes Empfinden in unserem Inneren auszulösen scheint. Tatsächlich ist dieses innere Empfinden schon *vor* dem äußeren Reiz präsent und projiziert den Reiz erst nach draußen.

Wenn wir z. B. ängstlich sind, projizieren wir *Bedrohung* auf eine Situation oder einen Mitmenschen und haben dann den Eindruck, diese Situation oder dieser Mensch sei *gefährlich* und wir hätten zu Recht Angst.

Eine weitere Möglichkeit, Angst indirekt zu projizieren, besteht darin, sie auf unseren eigenen Körper zu richten. Dann meinen wir, Symptome zu erkennen, die wir für Signale von Krankheiten halten – und vor denen fürchten wir uns dann.

Eigene Unsicherheit wird indirekt projiziert, indem wir Menschen begegnen, die uns heftig kritisieren oder unserer Meinung energisch widersprechen. Und die eigene Überheblichkeit sorgt dafür, dass wir es da draußen ständig „mit Idioten" zu tun haben.

● Wir sind niemals einem anderen Menschen begegnet außer uns selbst.

Was auch immer wir in einem anderen Menschen zu sehen glauben, sind unsere eigenen Gedanken und Emotionen, die wir auf ein Gegenüber projizieren. Von unseren Eltern und Kindern, von unserem Lebenspartner und unserem ärgsten Feind wissen wir genauso viel wie vom Präsidenten Transsilvaniens: nichts. Und keine einzige Handlung unserer Mitmenschen können wir als das erkennen, was sie *tatsächlich* ist. Wir meinen, sie genau gesehen zu haben; in Wirklichkeit haben wir sie gedanklich *interpretiert* und sahen lediglich unsere Interpretation, nicht die Handlung. Wir haben unser Innenleben über ein Ereignis gestülpt und es dadurch zur völligen Unkenntlichkeit verzerrt.

Wenn wir „unsere eigene Persönlichkeit" kennen lernen möchten, brauchen wir uns nur umzusehen. Denn all das, was wir als die Welt und unser Leben wahrnehmen, sind unterschiedliche Bilder von uns selbst. Jedes dieser Bilder entspricht in jedem Detail unserem inneren Zustand. Innen ist Außen, und zwischen beiden gibt es keine Grenze, weil sie *eins* sind.

● Alle Dinge im Universum sind relativ.

Nichts in diesem Universum existiert für sich allein, sondern immer nur in Abhängigkeit von einem Betrachter: Alles ist relativ. So, wie die Dinge sind, sind sie nur, weil ein Betrachter sie von seinem Standpunkt aus so sieht. Für *jeden* Betrachter sehen sie *anders* aus – eine andere Art des Sehens lässt andere Dinge sichtbar werden.

Absolut nichts von dem, was wir als die Welt wahrnehmen, ist wirklich so, wie wir es wahrnehmen. Absolut alles, was wir wahrnehmen, ist eine Illusion und entspricht *nicht* der Wirklichkeit: Die äußere Form eines Objektes ist sensorische Täuschung, und jede vermeintliche Eigenschaft eines Objektes ist mentale Täuschung.

Was bleibt überhaupt noch als „real" übrig?

Wir ahnen, dass es außer unseren Illusionen irgendetwas Reales gibt: etwas, das tatsächlich existiert. Dieses tatsächlich Vorhandene vermögen wir nicht zu erkennen, solange Illusionen unseren Blick trüben. Aber wir können vermuten, dass sich die Realität offenbaren wird, sobald unsere Illusionen weggefallen sind.

An jenem Wochenende in Inzell erkannte ich, dass mein Leben gründlich schiefgelaufen war. Mit diesem
Erkennen offenbarte sich deutlich,
dass ich in jeder Situation selbst dafür
verantwortlich gewesen war – auf unbegreifliche Weise auch als kleines Kind.

5.
Gott, wer bist du?

Es schien zwar unglaublich, aber gleichzeitig auch unbezweifelbar, dass ich zu jedem Zeitpunkt mit meinem eigenen Tun und
Lassen jede Situation von meiner Geburt bis jetzt selbst kreiert
hatte, ob sie nun angenehm oder unangenehm für mich gewesen
war. Ich hatte mein Leben in den Sand gesetzt und gegen die Wand
gefahren – niemand sonst! Und wenn ich das nicht direkt und aktiv getan hatte, so hatte ich indirekt und passiv zugelassen, dass
andere Menschen gegen meinen Willen über mich bestimmt hatten.

Ich war viel zu erschüttert, um mir die Frage zu stellen, ob ich
mich zu irgendeinem Zeitpunkt hätte anders entscheiden oder verhalten können.

Das Leben, das ich führte, war weniger als ein schlechter Scherz:
Nahezu sämtliche Bereiche waren auf Lügen und Halbwahrheiten
aufgebaut. Ich irrte in Illusionen herum, die ich selbst erschaffen
hatte. Nahezu nichts stimmte mit dem überein, wie ich mir ein
einigermaßen sinnvolles Leben vorstellte. Der einzige Lichtblick
war meine damalige Freundin, eine wundervolle Frau, schön, intelligent und liebevoll. Allerdings hatte ein Blitzschlag auch unser
Zusammensein beleuchtet, und ich hatte gesehen, welch katastro-
phalen Beitrag ich zu unserer Beziehung beisteuerte.

In den ersten Wochen nach Inzell war ich vollkommen handlungsunfähig. Denn ich hatte ununterbrochen das Gefühl, nicht zu
wissen, ob das, was ich tun wollte, wirklich das Richtige war. Ich
war zutiefst in meiner selbstherrlichen Überzeugung erschüttert,
das Beste für mich und mein Leben wissen und tun zu können.

Deshalb begann ich zu beten, denn wenn jemand tatsächlich wusste, was das Beste für mich und mein Leben war, dann Gott. Seit meinen Kindertagen allerdings hatte ich mich nicht mehr an ihn gewandt, und ich musste ehrlicherweise eingestehen, dass ich überhaupt nicht mehr an ihn glaubte.

Nun setzte ich mich morgens auf mein Meditationskissen, sagte laut: „Dein Wille geschehe!", denn das hielt ich in der momentanen Situation für das einzig Angebrachte, und wartete dann einfach ab, schaute, lauschte und fühlte nach innen. Eine Viertelstunde später erhob ich mich wieder, um meinen Alltag zu beginnen. Auf dem Kissen passierte nichts Spektakuläres, und ich wusste auch nicht, was ich erwarten sollte. Im Alltag ging nichts voran, außer dass ich mich von all meinen Freunden trennte, denn das waren keine Freundschaften gewesen, sondern Klüngeleien zwischen betuchten Geschäftsleuten und einflussreichen Größen unserer kleinen Stadt.

Das Weihnachtsgeschäft war in vollem Gange, und ich als verantwortlicher Chef verkroch mich in mein Büro und traute mich nicht, irgendetwas zu tun, denn immer noch galt: „Nie wieder das Alte!", aber was das Neue war, blieb mir völlig schleierhaft.

Seit Inzell wusste ich, dass ich den falschen Beruf ausübte. Jetzt jedoch zu kündigen, erschien mir nicht richtig. Ich spürte die Gewissheit, dass es noch zu früh war, den Arbeitsplatz zu wechseln – aber wie konnte ich am falschen Ort bleiben, und was konnte ich hier neu und richtig machen?

Erst nach Wochen fand ich die Lösung. Sie bestand darin, bei jeder Kleinigkeit und natürlich erst recht bei den größeren Entscheidungen als Erstes nach innen zu fragen: „Was soll ich tun? Dein Wille geschehe – nicht meiner!", und zu warten, zu schauen, zu lauschen und zu fühlen, welcher Impuls auftauchen würde. Diesem folgte ich dann immer und in jeder Situation, auch wenn ich manchmal große Angst vor den Konsequenzen hatte.

Dabei war meine Logik unerschütterlich: Ich glaubte zwar nicht an Gott, aber ich betete zu ihm und ging davon aus, dass er mein Gebet hörte, falls es ihn überhaupt gab. Da ich zu ihm betete und zu niemand anderem, konnte und musste ich davon ausgehen, dass die Antwort, die ich erhielt, ebenfalls von ihm kam. Deshalb tat ich immer und in jeder Situation das, was die innere Antwort verlangte. Sollte sie von jemand anderem kommen, zum Beispiel vom Teufel, an den ich auch nicht glaubte, hatte Gott die Aufgabe, dies zu verhindern, denn schließlich war er mein Ansprechpartner.

Und falls es ihn tatsächlich nicht geben sollte und die Antworten nur aus mir selbst heraus entstanden, dann hatte ich immerhin mit diesen Gebeten versucht, nicht wieder in mein altes egozentrisches Fahrwasser zurückzugleiten.

Was nun folgte, war überaus eindrucksvoll. Zum einen wurde ich wieder handlungsfähig, zum anderen machte ich tatsächlich nach bewusster Rücksprache mit Gott fast alles anders als zuvor – eben so, wie er es wollte. Das führte zu erheblichen Irritationen bei meinen Eltern und Mitarbeitern, bei Kollegen und Konkurrenten, denn ich funktionierte nicht länger, wie sie es gewohnt waren.

Bisher war ich davon überzeugt gewesen, dass der Nutzen eines erfolgreichen Kaufmannes zwangsläufig Schaden für andere bedeuten muss, und das hatte dazu geführt, dass ich in einer Mischung aus Rücksichtslosigkeit, Schmeichelei und Vertuschung bestrebt war, meine Mitmenschen auszubeuten. Je nach Situation hatte ich meinen Vorteil mit Gewalt oder anbiederndem Verhalten oder undurchschaubaren Strategien durchgesetzt und nicht selten als Spur meines eigenen Erfolges verbrannte fremde Erde hinterlassen.

Das war mir nun nicht mehr möglich. Alle inneren Impulse, die als Antwort auf die Frage, „Was soll ich tun? Dein Wille geschehe – nicht meiner!", in mir aufstiegen, waren friedvoll. Sie zielten entweder auf einen gemeinsamen Nutzen für alle Beteiligten ab oder darauf, dass ich auf meinen Vorteil verzichten sollte, falls dieser auf dem Nachteil eines anderen Menschen basierte. Ich handelte dementsprechend. Irgendetwas in mir war absolut überzeugt davon, dass Gott niemanden ins Verderben führt, der sich freiwillig der göttlichen Führung unterstellt, also auch mich nicht.

Innerhalb kurzer Zeit legte ich in diversen Gremien die Aufgaben nieder, die man mir dort aufgrund meiner früheren Fähigkeiten übertragen hatte, oder man wählte mich einfach ab. Ich verlor erdrutschartig mein gesamtes soziales Ansehen. Hinter vorgehaltener Hand munkelte man, ich sei depressiv oder hätte einen Nervenzusammenbruch erlitten – auf jeden Fall sei ich nicht mehr der Alte.

Ich hörte auf, Situationen oder Menschen zu manipulieren, und war plötzlich selbst nicht mehr manipulierbar. Ich sagte, was ich dachte, und ich tat, was ich sagte. Mein Fühlen, Denken und Handeln orientierten sich nicht länger an äußeren Umständen, sondern an inneren Gewissheiten. Sachzwänge, unter denen ich früher oft gelitten hatte, existierten überhaupt nicht mehr – alles war sehr klar und sehr einfach geworden. Ich lebte vollkommen im Einklang mit mir selbst und mit Gott und akzeptierte klaglos die große Isolierung, zu der das Neue führte. Denn es fielen lediglich all die Menschen von mir ab, für die ich ohnehin nur von strategischer Bedeutung gewesen war.

Zu meinem größten Erstaunen wurde alles, was ich auf diese neue Weise anpackte, umgehend von Erfolg gekrönt. Nach anfänglicher Irritation hatten mir die Mitarbeiter wieder ihr Vertrauen und ihre Loyalität geschenkt, und bis zum Sommer zeichnete sich immer deutlicher ab, dass dieses Jahr das ertragreichste seit Bestehen der Firma zu werden versprach. Die teuren Anzüge, in denen ich bisher gesteckt hatte, tauschte ich gegen bequeme Hosen und farbenprächtige Pullover, und zum ersten Mal war ich in der Firma nicht stolz, sondern glücklich.

Ich erlebte ein Gefühl von Sinnhaftigkeit, wie ich es kaum jemals zuvor erlebt hatte, und war so dankbar für mein neues Sein, dass ich morgens auf dem Kissen erst minutenlange Dankgebete und Lobpreisungen sprach, bevor ich mit der Bitte „Dein Wille geschehe!" in die Stille ging. Während der folgenden Viertelstunde erlebte ich entweder schnöde Langeweile oder heftige Körperphänomene, die ich geduldig über mich ergehen ließ. Offensichtlich war das Geschehen Gottes Wille, und dem setzte ich weder im Alltag noch auf dem Kissen Widerstand entgegen – auch wenn ich nicht begriff, was mit mir geschah.

Hin und wieder trafen mich während der Meditation jene Blitze, die ein erhellendes Schlaglicht auf mein Verhalten in einer ganz bestimmten Situation warfen. Ich nahm das zum Anlass, in allen ähnlichen Situationen zukünftig besonders achtsam zu sein und auf keinen Fall altes Verhalten zu wiederholen.

Zu Beginn des Sommers tauchte Jan in meinem Leben auf, der sich mit den Lehren Buddhas beschäftigte, und Bella suchte meine Nähe, die ihr Leben Jesus übergeben hatte. Auch Noschi erschien, die seit vielen Jahren transzendentale Meditation übte. Diese drei wurden meine Wegbegleiter und guten Freunde. Nun war ich rundum glücklich.

Allerdings gehörten meine Eltern zu denjenigen, die in meiner Veränderung eine Verschlechterung sahen. Sie übten in der Hoffnung, mich wieder zur Vernunft bringen zu können, massiven Druck auf mich aus. Aber auch ihnen gegenüber folgte ich unbeirrbar, wenn auch oft schweren Herzens, der inneren göttlichen Stimme. Schließlich bat ich meine Eltern um ein Gespräch, in dem ich ihnen erklärte, in den folgenden zwölf Monaten sehr genau zu prüfen, ob ich die Firma auch in Zukunft leiten oder einen anderen Berufsweg einschlagen wollte.

Direkt nach diesem Gespräch fiel mir das Buch eines Weisen in die Hände, der auf dem Weg der Meditation die Wahrheit über Gott und das Leben gesucht und gefunden hatte. Er beschrieb detailliert seine Erlebnisse, und diese ähnelten frappierend dem, was ich seit Inzell erlebte. Ich war über alle Maßen erleichtert, nun endlich sachkundige Erklärungen für mein Weinen zu erhalten, für meine Blitze, für die außergewöhnlichen Körperphänomene während der Meditationen und für die segensreiche innere Führung, die mir zuteil wurde.

Ich verstand, dass das Bewusstsein jenes Mannes sich am Ende seines Weges ins Universum hineingegossen hatte, und war davon überzeugt, deshalb mit ihm jederzeit Kontakt aufnehmen zu können. Ich nannte ihn liebevoll Swamiji und sprach zu ihm, wann immer ich Fragen bezüglich meiner Meditation hatte. Danach lauschte und fühlte ich in die Stille und erhielt entweder sofort Antwort oder kurze Zeit später in meinem Alltag. Obwohl er nicht mehr lebte und ich sein Buch nur ein einziges Mal las, wurde Swamiji mein Meditationslehrer. Ich vertraute ihm vollkommen.

Acht Wochen nach jenem Gespräch mit meinen Eltern starb mein Vater, und neun Monate später fuhr ich mit dem Zug nach Südfrankreich. Ich wusste immer noch nicht, ob ich die Firma nun haben wollte oder nicht, und erhoffte mir von diesem Urlaub die notwendige Klärung. Ohne Frage war ich inzwischen ein sehr glücklicher Mann geworden, aber ich hatte nicht die leiseste Ahnung, welchen Beruf ich in Zukunft ausüben sollte. Guten Mutes verließ ich den Zug in Avignon, schulterte meinen Rucksack und machte mich zu Fuß auf den Weg.

Ich war immer noch groß, aber inzwischen breitschultrig, hatte eine gesunde Hautfarbe, war nicht mehr anfällig für Krankheiten und rauchte selten mehr als fünf Zigaretten täglich. Im Umgang mit Erwachsenen war ich deutlich zurückhaltender geworden. Ich akzeptierte, dass sie fast alle anders lebten als ich, und achtete sehr darauf, nicht überheblich zu werden. Wenn es notwendig war, vertrat ich ihnen gegenüber sanft, aber unerschütterlich meine inneren Weisungen.

In diesem Urlaub übte ich während des Gehens unentwegt das Koji no´in, eine Folge von zehn Mudras. Jedes von ihnen, so hieß es, würde den Übenden mit einer bestimmten kosmischen Kraft verbinden. Ich hatte kein Ziel und ließ mich also von den Sternen leiten, deren unterschiedliche Energien, von meinen Fingern ausgehend, meinen gesamten Körper durchströmten. Achtzehn Tage später hatten mich die Mudras in das winzige Heiligtum eines tibetischen Lamas geführt, das zwischen hohen Bergen versteckt lag.

An den folgenden drei Tagen durfte ich dort frühmorgens vor dem Altar beten und meditieren. Obwohl der Meister und ich kein einziges Wort miteinander sprachen, wusste ich nach dem dritten Morgen, dass ich Psychotherapeut werden und Menschen auf dem Weg zu sich selbst begleiten wollte.

Ich packte meinen Rucksack und fuhr nach Hause, um meiner Mutter meine Entscheidung mitzuteilen. Wir einigten uns darauf, dass ich die Firma zum Jahresende verlassen und bis dahin unseren Prokuristen in meine bisherigen Aufgaben einarbeiten sollte. Außer ihm und einer langjährigen Abteilungsleiterin wurde niemand in diese Pläne eingeweiht, um zu verhindern, dass Banken und Lieferanten davon erfuhren und eventuell nervös auf den bevorstehenden Führungswechsel reagierten. Aus diesem Grund musste ich auch einwilligen, vor Januar keinen Ausbildungsplatz für Psychotherapie zu suchen.

Mir blieb deshalb nichts anderes übrig, als meine weitere berufliche Entwicklung in Gottes Hände zu legen und darauf zu vertrauen, dass er mir rechtzeitig einen Ausbildungsplatz besorgen würde. Ich kündigte meine Wohnung, da ich sie mir ab Januar finanziell nicht mehr leisten konnte.

Anfang November überfiel mich große Angst, in Kürze ohne Geld, ohne Arbeit und ohne Wohnung auf der Straße zu stehen, und diese Angst hielt mich mehrere Tage gefangen. Dann erkannte ich, dass es ausschließlich an mir lag, ob ich bis zum Jahresende weiterhin glücklich oder weiterhin sorgenvoll lebte, denn Gott würde ja ohnehin das Beste für mich tun, da ich ihm alles übergeben hatte.

Sofort lachte ich über meine Angst und war wieder glücklich. Wann immer mir nun der Gedanke kam, buchstäblich mit leeren Händen vor dem Nichts zu stehen, sagte ich leise in mich hinein: „Gott, das regelst du für mich! Dein Wille geschehe – nicht meiner!"

Am 20. Dezember erhielt ich auf Umwegen die Telefonnummer eines Versicherungsvertreters in Hamburg, und ohne erkennbaren Grund rief ich ihn an. Im Laufe des Gesprächs erfuhr ich, dass eine Bekannte von ihm in München einen Auszubildenden für ihre psychotherapeutische Praxis suchte. Am Tag vor Silvester fand das Vorstellungsgespräch statt, und tatsächlich erhielt ich meinen Ausbildungsvertrag zum 1. Januar. Ich war inzwischen 33 Jahre alt.

Die nunmehr 26 Monate, die seit Inzell vergangen waren, hatten mir eine überaus segensreiche Veränderung meiner Lebensumstände und viele großartige, völlig unerklärliche Wunder beschert. Dieses jedoch übertraf alle bisherigen Geschenke, und fassungslos vor Dankbarkeit stammelte ich die Frage: „Gott, wer bist du?"

In den folgenden Jahren sollte dies die eine große Frage sein und bleiben, die mich wirklich interessierte, die mir wirklich wichtig war.

Meine Ausbilderin erwies sich als profunde Kennerin der menschlichen Psyche, als hervorragende Therapeutin, umsichtige Lehrerin und großartige Frau. Sie vereinte in ihrem Wesen Klarheit, Mitgefühl und Hilfsbereitschaft und legte durch ihr Beispiel den Grundstein zu meiner inneren Haltung den Patienten gegenüber und damit zum Erfolg all dessen, was mir in Zukunft jemals beruflich gelingen durfte.

Im zweiten Jahr nahm ich außerdem an einer einjährigen externen Shiatsu-Ausbildung teil und entwickelte dabei völlig unbeabsichtigt die Fähigkeit, mit oder ohne Berührung in den Körper eines anderen Menschen hineinzufühlen und den Zustand der inneren Organe, Knochen, Sehnen und Muskeln wahrzunehmen und gegebenenfalls zu korrigieren.

Dabei machte ich die Erfahrung, dass jede Wahrnehmung immer in mir stattfindet. Auch einen Baum, der zehn Meter entfernt steht, sehe ich natürlich hier in mir, obwohl er sich dort befindet. Demzufolge genügte es, meine Aufmerksamkeit auf den Magen eines Patienten zu richten, um ihn in mir wahrzunehmen. Und seltsamerweise veränderte sich der Zustand seines Magens, sobald ich mir vorstellte, dass er anders beschaffen sei, als dies tatsächlich der Fall war. Ich erlebte den Vorgang des Heilens als einen Vorgang von Wahrnehmung und willentlicher Korrektur jener Wahrnehmung.

Während der letzten sechs Monate meiner psychotherapeutischen Ausbildung ergriff ich, von meiner Lehrerin wie in allem mit Rat und Tat großzügig unterstützt, die Möglichkeit, mich zum ehrenamtlichen Krankenhaus-Seelsorger ausbilden zu lassen. Nun wurde ich auch mit dem Tod konfrontiert, mit den Grenzen meiner Möglichkeiten, mit meiner eigenen Hilflosigkeit.

Ich lernte, dem Leid standzuhalten, ohne mich ihm zu widersetzen und ohne irgendetwas ändern zu können und ändern zu wollen. Angesichts des Todes lernte ich das gesamte Ausmaß von „Dein Wille geschehe!" kennen und wurde demütig. Dieser Demut dem Leben gegenüber entsprang eine tiefe kostbare Liebe für all die Menschen, denen ich begegnete.

Ich war mir jederzeit vollkommen im Klaren darüber, dass ich mein neues Leben ausschließlich Gott verdankte. Deshalb war ich entschlossen, es ihm vollkommen zu widmen. Es gab nahezu nichts, was ich nicht erst nach Rücksprache mit ihm tat, und jeden Plan, jeden Wunsch, den ich hatte, versah ich mit der Bitte, dass stets sein Wille geschehen möge. Meiner Verehrung war nur eine

5. Gott, wer bist du?

einzige Grenze gesetzt: Ich konnte Gott nicht sehen, nicht begreifen, ihn mir nicht vorstellen. Deshalb fragte ich immer und immer wieder: „Gott, wer bist du?"

Auf der Suche nach ihm las ich das Neue Testament und stieß dabei auf die Aussagen Jesu „Der Vater und ich sind eins" und „Wer mich sieht, sieht den Vater". Von da an verstand ich Jesus als den offenbarten, den sichtbaren Gott. Endlich hatte ich ein Bild, an das ich mich halten konnte, und einen Namen, den ich in Aramäisch, der Muttersprache des Nazareners, aussprach und als Jeshu zärtlich in meinem Herzen rief. Den abstrakten Begriff Gott benutzte ich nun nicht länger.

Zweieinhalb Jahre nachdem ich die Firma verlassen hatte, machte ich mich in München in einer eigenen Praxis selbstständig. Der Abschied von meiner großartigen Ausbilderin und ihrer wundervollen Tochter fiel mir schwer. Beide hatten mein Herz in jener Tiefe berührt, wo aus Begegnung Heilung entsteht.

Meine spirituelle Übung morgens auf dem Kissen bestand darin, mit geschlossenen Augen beim Einatmen „Jeshu" in mein Herz hineinzuflüstern und beim Ausatmen auf die Antwort zu warten. Ich brannte sehnsüchtigst darauf, diesen Segensreichen, der mir nun seit sechs Jahren den Weg bahnte, von Angesicht zu Angesicht zu erkennen. Ansonsten lebte ich weiterhin tagein, tagaus nach seinem Willen, nicht nach meinem.

Während eines verlängerten Wochenendes, das ich im Alter von 37 Jahren in Assisi verbrachte, begegnete ich einem Mann, der innerhalb einer Stunde alle religiösen Vorstellungen zerbrach, die ich bisher voller Liebe und Inbrunst gepflegt hatte.

„Deine ganze Welt und auch du selbst", sagte er sinngemäß zu mir, „und natürlich auch dein Swamiji und dein Jeshu und dein Gott befinden sich in deinem Kopf und nirgendwo sonst – genau wie sich ein Traum im Träumenden befindet und nirgendwo außerhalb des Träumenden. Die Welt, du, Gott und alles andere sind Konzepte, die du dir angesichts des Unerklärlichen gemacht hast, gedankliche Vorstellungen, Einbildungen, Illusionen. All das ist nur wirres und unwirkliches Zeug! Wenn du tatsächlich wissen willst, wer Gott ist, dann finde die Antwort auf diese beiden Fragen heraus: Wer spricht dein Gebet, und wer hört dich beten?"

Die Antwort war ebenso klar wie unglaubwürdig. Sie lautete in beiden Fällen:

„Ich."

6.
Die fast perfekte Illusion

Eine Illusion ist ihrem Wesen nach die Vorspiegelung einer „falschen Tatsache": In der Illusion ist das, was wahrgenommen wird, keine Tatsache, sondern eine *Täuschung, die wie eine Tatsache aussieht.*

● **8 Merkmale der Illusion:**

1. Eine Illusion kann nicht ewig bestehen. Irgendwann wird sie von der Realität eingeholt und zerstört. In diesem Augenblick ist erkennbar, dass es sich bei der vermeintlichen Tatsache nur um eine Illusion gehandelt hat. Der Betroffene sagt dann: „Ich habe mich getäuscht!"

2. Eine neue Illusion entsteht immer kurz nachdem die vorherige Illusion als Täuschung erkannt wurde.

   In der Zeitspanne zwischen der vergangenen alten und der noch nicht aufgebauten neuen Illusion fragen sich die meisten Menschen verzweifelt, wie sie die *Ent-Täuschung* hätten verhindern können. Wenn sie sich stattdessen fragen würden, wie sie die *Illusion* hätten verhindern können, kämen sie ihren Projektionen auf die Spur.

3. Eine Illusion wird, solange sie besteht, für die Wirklichkeit gehalten – kein Argument kann ihr etwas anhaben. Sie sieht genauso aus wie eine Tatsache.

4. Solange sie besteht, ist jede Illusion *magisch*, d. h. sie manifestiert die entsprechende Vorstellung im Außen. Deshalb sieht die Welt genauso aus, wie wir sie uns vorstellen – sie passt sich unseren Illusionen an.

   (Die Manifestation von Illusionen ist natürlich ebenfalls nur eine Illusion: Es sieht nur so aus, als ob sich unsere Vorstellungen „da draußen manifestieren". Auf diese Einsicht müssen wir jedoch noch ein wenig warten.)

5. Wenn sich in einer bestimmten Illusion gegensätzliche Vorstellungen mischen (z. B. Wünsche und Ängste gleichzeitig), wirkt die scheinbare Manifestation kraftlos.

6. Sobald unser Interesse an einer bestimmten Illusion nachlässt, löst sich auch die scheinbare Manifestation wieder auf: Die entsprechenden Lebewesen, Dinge oder Ereignisse verschwinden dann aus unserem Leben.

7. Eine Illusion wird häufig von anderen Menschen als Illusion erkannt – selten jedoch vom Betroffenen.

8. Eine Illusion beweist ihre angebliche Wirklichkeit ununterbrochen selbst, und obwohl all diese vermeintlichen Belege nur weitere Illusionen sind, werden sie vom Betroffenen nicht als solche erkannt, sondern gelten als „unanfechtbare Beweise für die Echtheit des Wahrgenommenen".

- *Jede* **Wahrnehmung ist eine Illusion.**

Dass wir ein bestimmtes Objekt wahrnehmen können (z. B. einen Regenwurm oder uns selbst oder einen Engel), ist kein Beweis dafür, dass dieses Objekt tatsächlich existiert, sondern lediglich ein Hinweis darauf, dass wir gerade einer Täuschung erliegen.

- **Hinter jeder Illusion steckt „*etwas anderes*".**

Wenn wir eine Illusion betrachten (z. B. einen Kinofilm), dann ist das Geschehen, dem wir zuschauen, dort nicht wirklich vorhanden, sondern etwas anderes: Licht, Farben, Leinwand, Töne.

Auch das, was wir als „die Welt" wahrnehmen (z. B. zweibei-
nige Körper, in denen Personen stecken), ist nicht wirklich vorhanden – aber etwas anderes.

● **Die Welt im Kopf ist nicht das Leben!**

Im Gegensatz zur „Welt", die eine mental-sensorische Illusion in
unserem Kopf ist, bezeichne ich das tatsächlich Vorhandene als
„Leben" oder „Realität".

7.
Gott, wer bin ich?

Sechs Jahre nach Inzell verstand ich in Assisi ohne jeden Zweifel, dass das Reich Gottes nicht irgendwo da draußen in den Wolken oder im Universum, sondern inwendig in mir ist, irgendwie und irgendwo in diesem Körper, und dass nur ich selbst meine Gebete sowohl sprach als auch hörte – und niemand sonst. Es war meine *Vorstellung* gewesen, dass Gott auf die Frage, was ich in einer bestimmten Situation tun sollte, geantwortet hatte; Tatsache war nur, dass ich *in mir* eine Antwort auf diese Frage gespürt hatte.

Es gab nicht den geringsten Hinweis darauf, dass es in mir noch jemand anderen gab als mich. Die These, dass *ein anderer als ich* meine Gebete hörte, stützte sich lediglich auf die Erfahrung, dass sich aufgrund meiner Fragen und Bitten oft im Außen Situationen ergaben, auf deren Entstehen ich keinen Einfluss gehabt hatte.

Was aber, wenn ich selbst es gewesen war, der das Außen auf eine absolut unbegreifliche Weise stets entsprechend meiner jeweiligen Bitte verändert hatte? Für mich, einen liebevollen Gläubigen, der seine Lebensgestaltung vollkommen Gott überlassen hatte, war das ein Denkansatz, der völlig absurd erschien. Dennoch faszinierte er mich. Seit vier Jahren wollte ich aus Dankbarkeit und keinem anderen Grund wissen, wer dieser Gott ist, und ich spürte, dass ich der Antwort jetzt näher war als je zuvor.

Völlig verstört, aber entschlossen nahm ich mit einem langen Ritual Abschied von Jeshu und Swamiji und brach dann den Kontakt zu beiden ab. In Zukunft sagte ich: „*Mein* Wille geschehe!", und wenn ich einen freien Parkplatz wollte, bat ich *mich* darum. Im Stillen hoffte ich, dass diese Experimente fehlschlagen würden, aber das war nicht der Fall.

Die Wunder, mit denen ich inzwischen zu rechnen und zu leben gelernt hatte, rissen auch jetzt nicht ab, und ich trieb es auf die

Spitze, wünschte mir von mir selbst Geld im Überfluss, einen Sportwagen, aufregende Frauen, eine neue Wohnung, neue Praxisräume, ein anderes Auto, andere Frauen, andere Wohnungen, immer und immer wieder neue Erlebnisse, neue Begegnungen – all das wünschte ich mir *von mir*, und all das erhielt ich jeweils ohne mein sonstiges Zutun im Außen, und deshalb musste ich davon ausgehen, dass ich es *von mir* erhielt. Immer nur *ich* sprach meine Bitten, und immer nur *ich* erhörte sie – niemand sonst, und niemals war es anders gewesen.

Seltsam. Völlig unglaubwürdig. Aber absolut klar.

Während all dieser Experimente, die ungefähr acht Jahre andauerten, war ich zwar maßlos in meinen Wünschen, aber auch maßlos in meiner Dankbarkeit, und ich vermisste zutiefst Gott oder Jeshu oder irgendjemanden, bei dem ich mich für all diese Geschenke bedanken konnte. Ich war mit dieser Dankbarkeit völlig allein, denn ich konnte mich nicht bei mir selbst bedanken. Es nützte überhaupt nichts, dass ich andere Menschen großzügig an meinem Reichtum teilhaben ließ, Therapiestunden zu Spottpreisen abrechnete, sobald die Ratsuchenden nur wenig Geld hatten, Obdachlose unterstützte oder Geld verlieh, wenn ich darum gebeten wurde.

Ständig machte mir diese Dankbarkeit bewusst, dass ich etwas ersatzlos verloren hatte: meinen Glauben an ein göttliches Wesen, das mich kannte und liebte. Die erste Warnung meiner Mutter, dass ich den Glauben verlieren würde, wenn ich Wissen anstrebte, hatte sich bewahrheitet. Diesen Verlust empfand ich als derart schmerzvoll, dass mein Interesse nahezu erlosch, den Schöpfer der Wunder, die ich erlebte, zu suchen. Ich betete überhaupt nicht mehr, da ich nicht mehr wusste, zu wem ich beten sollte, und ich meditierte kaum noch, da ich nicht mehr wusste, wem außer mir selbst ich in mir begegnen könnte. Die Ahnung, dass ich vielleicht weit mehr war, als ich bis jetzt angenommen hatte, verlor ich zusehends aus den Augen.

Auf dem Höhepunkt meiner magischen Lebensführung nahm ich gedankliche Operationen im menschlichen Körper vor und entfernte beispielsweise Zysten oder stellte kariöse Zähne wieder vollkommen her. Außerdem schuf ich an bewölkten Tagen Wolkenlöcher um mich herum am Isarufer, also einen Platz von etwa zwanzig Metern Durchmesser, an dem ununterbrochen die Sonne schien, solange ich dort lag. Und immer wieder beeindruckte ich Freunde damit, prasselnden Regen für eine genau bestimmte Zeit anzuhalten.

Es verging kein Tag, an dem ich nicht irgendetwas Sinnvolles oder Verrücktes manifestierte, und es gelang so einfach wie Atmen: Ich sprach aus, was ich wollte, und es geschah. Zeitweise führte ich Buch und stellte dabei fest, dass die Erfolgsquote bei achtzig Prozent lag. Für eine äußerst interessante und aufregende Lebensgestaltung war das mehr als genug, und die Quote erhöhte sich noch einmal deutlich, je unwahrscheinlicher die Aussicht auf Erfolg war.

Natürlich fragte ich mich gelegentlich, warum ich diese magischen Vorgänge erleben durfte, warum mir der unmittelbare Zusammenhang zwischen Wünschen und Wirklichkeit auf eine derart drastische Weise gezeigt wurde. Ich vermutete, dass dies nur geschah, weil ich insgeheim immer noch die Ursache für die Wunder suchte, das Große Mysterium, das hinter dem Leben verborgen war. Aber ich konnte all das nur tun – verstehen konnte ich es nicht.

Eines allerdings verstand ich: Das Leben und die Welt sind nicht das, wofür wir sie halten. Alles da draußen wartet stets auf unseren Ruf, ist bereit, sich jederzeit unserem Wink zu beugen, verändert sich vollkommen auf unser Wort hin. Nichts vor unseren Augen ist festgefügt; alles tritt genauso in Erscheinung, wie der Beobachter es sich vorstellt.

Die Welt da draußen ist ein großes Nichts voller latenter Möglichkeiten, auf das der Schauende stets genau das projiziert, was

7. Gott, wer bin ich?

jeweils seinen gedanklichen Vorstellungen und emotionalen Befindlichkeiten entspricht. Diese unmanifestierten Möglichkeiten manifestieren sich daraufhin zu genau dem, was der Betrachter erwartet.

Wer ist dieser Betrachter in Wirklichkeit? Wer ist der immerwährende Schöpfer dieser Welt und dieses Lebens? Und warum ist ihm völlig unbewusst, was er da tagein, tagaus tut?

Gott, wer bin ich?

In den acht magischen Jahren bestand meine spirituelle Übung aus einem 20-minütigen morgendlichen Sitzen auf meinem Kissen. Allerdings saß ich nicht regelmäßig, sondern nur, wenn ich Lust dazu hatte, und oft vergingen Wochen ohne jede Übung.

Ich hatte inzwischen begriffen, dass meine äußere Welt von meinen gedanklichen Vorstellungen kreiert wurde, und war neugierig, zu erfahren, wie die Welt wohl aussieht, wenn ich ihr Erscheinungsbild *nicht* mit meinen Gedanken beeinflusse. Außerdem ahnte ich seit Assisi, dass meine Persönlichkeit, mein Ich ebenfalls nur ein mentales Bild in meinem Kopf war, und dass sich dahinter das Große Mysterium verbarg.

Deshalb versuchte ich während des Sitzens, meine Gedanken anzuhalten und mich dann auf die gedankenleere Stille zu konzentrieren. Die 20 Minuten empfand ich als anstrengend, da mir ständig irgendetwas durch den Kopf ging, womit ich mich allemal lieber beschäftigte als mit der stillen Leere dort.

Aber ich hatte mir angewöhnt, immer vor dem Einschlafen, statt irgendwelchen Fantasien nachzuhängen, das aktive Denken einzustellen, die Aufmerksamkeit dann an die Gedankenleere zu heften und so lange bewusst in ihr zu verweilen, bis ich einschlief. Das war nicht anstrengend und führte dazu, dass ich keinerlei Einschlafschwierigkeiten kannte.

Eine weitere Angewohnheit von mir bestand darin, bei Spaziergängen so oft wie möglich ebenfalls konzentriert in der Gedankenleere zu verbleiben. Dasselbe tat ich grundsätzlich auch, wenn meine Patienten über ihr Befinden oder ihre Probleme berichteten. Ich wollte ihnen auf diese Weise vollkommen zuhören, ohne mich von meinen eigenen Gedanken oder inneren Kommentaren ablenken zu lassen.

All diese Übungen trugen sicherlich dazu bei, dass sich mein Körper und meine Psyche nach und nach an die gedankenleere Stille gewöhnten, an den für uns Menschen recht ungewohnten Zustand des Nicht-Denkens.

Eines Tages, ich war gerade 45 Jahre alt geworden und Inzell lag 14 Jahre zurück, saß ich an meinem Schreibtisch und sah von der Rechnung auf, die ich soeben schrieb, blickte in den Raum und aus dem Fenster und dachte: „Bin ich *deshalb* nach München gegangen?"

Nein. Es stand absolut fest: *Deshalb* war ich *nicht* nach München gegangen!

Sofort erhob ich mich, ging in mein Schlafzimmer, holte mein Kissen aus dem Schrank und setzte mich darauf.

„Swamiji", sagte ich laut, „komm wieder her, ich muss mit dir reden, denn ich hab die Nase voll! Was soll das alles? Ganz ähnlich wie ich seit acht Jahren hier lebe, habe ich in den 31 Jahren vor Inzell gelebt. Du weißt, dass ich dankbar für diesen Reichtum bin, aber jetzt fühle ich mich einfach satt, verstehst du? Es war großartig, aber ich mag nicht mehr und kann nicht mehr. Mir ist übel von all den Wundern. *Deshalb* bin ich *nicht* nach München gegangen! Ich bin nach München gegangen, um Gottes Willen zu erfüllen und um zu erkennen, wer Gott ist.

Dieses Schlitzohr in Assisi hat mich all meiner Illusionen über die Welt und über das Heilige beraubt – ich habe nichts mehr in den Händen als Zauberkraft, und die ödet mich mittlerweile an. Ich schenk sie dir. Ich geb sie zurück. Ich will sie nicht mehr. Ich hab genug davon gehabt.

7. Gott, wer bin ich?

Ich werde also nie wieder um ein Wunder bitten oder um irgendetwas sonst – mit einer Ausnahme. In Zukunft werde ich so leben wie jeder andere Durchschnittsmensch auch und das Leben so nehmen, wie es kommt. Aber eins will ich noch, und ich werde dir so lange damit auf die Nerven gehen, bis dieser eine Wunsch erfüllt wird: Lass mich endlich erkennen, wer ich wirklich bin!"

In den nächsten Wochen änderte ich mein Leben erneut drastisch. Ich unterzog es einem grundsätzlichen Hausputz und trennte mich von allem Überflüssigen. Ich verschenkte gut drei Viertel von allem, was ich besaß, behielt nur noch das Nötigste und wurde asketisch.

Vor allem aber sagte ich konsequent: „Wunsch!", wenn ich merkte, dass sich ein Wunsch in meine Gedanken einschlich, und damit legte ich ihn ad acta. Es gab ein paar Situationen, in denen mir das sehr schwer fiel, weil ich meinte, dieses oder jenes unbedingt noch haben zu müssen, und ein paar Mal erlag ich dieser Illusion, wünschte und bekam und bat anschließend Swamiji um Entschuldigung und um mehr innere Stärke.

Auf die Gedankenleere konzentrierte ich mich, wann immer ich mich daran erinnerte, grundsätzlich jedoch während meiner Arbeit, vor jedem Einschlafen und auf jedem Spaziergang, ganz gleich ob in der freien Natur oder im Stadtzentrum.

Seltsamerweise war es mir nach wie vor fast unmöglich, regelmäßig auf dem Kissen zu sitzen. Dafür nahm ich nun an einer speziellen Atemgruppe teil, die einmal pro Woche stattfand, und atmete jeden Morgen im Liegen eine halbe bis dreiviertel Stunde auf dieselbe intensive Weise. Dabei achtete ich stets auf die gedankenleere Stille und versuchte, in ihr zu bleiben, während ich atmete.

Zum Herbst des folgenden Jahres schloss ich die Praxis, um meine Suche zu intensivieren. Von meinen Ersparnissen würde ich bei dem anspruchslosen Lebensstil etwa zwei Jahre lang leben können, und ich vertraute darauf, dass ich rechtzeitig wieder Geld verdienen würde, wenn es notwendig werden sollte.

Bei allem, was ich jetzt in meiner freien Zeit tat, bemühte ich mich, den Kontakt mit der Gedankenleere aufrechtzuhalten, und das gelang auch meistens. Allerdings blieb ich nur jeweils sehr kurze Zeit in der Stille, bis sie durch einen weiteren Gedankengang beendet wurde. Sobald ich dies bemerkte, atmete ich ein paar Mal tief in den Unterleib ein und entspannte meinen Körper während des Ausatmens. Damit entzog ich den Gedanken wieder mein Interesse und heftete es umgehend erneut an die entstandene Leere. Es war ein dauerndes und oft nervendes Hin und Her zwischen Denken und Nicht-Denken. Immerhin konnte ich sehr klar sehen, womit sich meine Gedanken tagsüber ständig beschäftigten – das meiste davon war überflüssig!

In den frühen Morgenstunden hatte ich gelegentlich Albträume, und bald ging ich dazu über, nachts lange zu lesen, zu schreiben oder fernzusehen, um zu müde zum Träumen zu sein. Das war mir allerdings nicht bewusst, aber ich erkannte, wie süchtig wir Menschen nach Aufregung sind.

Zum ersten Mal bemerkte ich das deutlich, als ich in der S-Bahn eine liegen gebliebene Zeitung las und mich plötzlich fragte: „Was hat das alles mit mir zu tun? Warum bin ich an all diesem Zeug derart interessiert, obwohl nichts davon mich und mein Leben betrifft?"

Als ich die Augen schloss und in mich hineinspürte, nahm ich sofort die Aufregung wahr, die das Gelesene in mir erzeugt hatte. Denn alle Informationen wurden in einer Weise vermittelt, welche im Leser Gefühle und Gedanken wie „Nein, so was! Unerhört!" erzeugt. Diese mentale Aufregung erhöht deutlich die Spannung im gesamten Körper und verstärkt dadurch das Ich-Gefühl auf eine eigentlich unangenehme Weise. Solange wir diese Aufregung jedoch mit Lebendigkeit verwechseln, sind wir uns der negativen Körperreaktionen gar nicht bewusst.

Einmal auf der Fährte der Aufregung, entdeckte ich sie überall. Jedes Problem, erst recht jede Meinungsverschiedenheit, jedes negative Urteil über einen Menschen oder eine Menschengruppe, über eine Institution oder eine Situation erzeugt Aufregung, weil wir in Gedanken, Worten oder Taten mit *Widerstand* reagieren. Widerstand erzeugt Aufregung, und Aufregung erhöht die Körperspannung, vermittelt scheinbare Lebendigkeit, verstärkt das Ich-Gefühl.

Bei genauer Untersuchung musste ich feststellen, dass ich einen Hang dazu hatte, die Probleme anderer Menschen lösen zu wollen, was nichts anderes bedeutete, als dass ich mich im Widerstand mit deren augenblicklichen Lebensumständen befand. Bei noch genauerem Hinschauen blieb mir nicht erspart, zu erkennen, dass ich auch einigen Bereichen meines eigenen Lebens Widerstand entgegensetzte. Er äußerte sich in unterschwelliger Selbstkritik an meinem So-Sein und in dem Versuch, mich ständig zu verbessern. Letztlich basierte sogar meine spirituelle Suche nur auf Widerstand gegen das, was tatsächlich vorhanden war – ich wollte unbedingt etwas anderes erleben.

Ich verstand, dass wir Menschen Aufregung brauchen, um uns selbst zu spüren und um zu bemerken, dass wir leben, dass wir vorhanden sind. Was würde ohne unsere allgegenwärtige Aufregung, ohne unseren Widerstand, ohne unsere Konflikte und Probleme von unserem Ich-Gefühl übrig bleiben – nur noch sehr wenig! Und dieses Wenige würde höchstwahrscheinlich nicht ausreichen, um das Große Mysterium zu verbergen, das vom persönlichen Ich-Empfinden verdeckt wird.

Die meiste Zeit eines durchschnittlichen Tages befinden wir uns entweder im Widerstand gegen irgendetwas oder auf der Suche nach irgendetwas – jedenfalls befinden wir uns fast ununterbrochen im Zustand der Aufregung mit erhöhter Körperspannung, und nur deshalb haben wir das Gefühl, ein Ich zu sein.

Rigoros trennte ich mich nun von dem, was mich aufregte, brachte Fernseher und Radio in den Keller, hörte auf zu hupen, wenn ein lahmer Autofahrer vor mir herzuckelte, und entspannte mich tief atmend immer und immer wieder, hundert Mal am Tag.

Außerdem verzichtete ich auf das späte Zubettgehen, beendete die Aufregung, die mit dem nächtlichen Wachbleiben einhergeht, aber das tat mir gar nicht gut: Zwischen drei und sechs Uhr morgens traten plötzlich vermehrt Albträume auf, aus denen ich schwitzend und zitternd erwachte. Also ging ich nach kurzer Versuchsphase weiterhin erst gegen zwei Uhr früh ins Bett, konnte allerdings kaum jemals länger als bis sieben Uhr schlafen.

Dass ich mit all diesen Dingen meinem bisherigen Ich-Empfinden langsam aber sicher den Boden unter den Füßen wegzog, wusste ich, aber ich rechnete nicht damit, dass sich mein psychosomatisches System eines Tages entschlossen dagegen wehren würde.

8.

Bewusst sein, bewusst zu sein

Was wir als die Welt wahrnehmen (Lebewesen, Dinge und Ereignisse sowie unser Körper und unser Ich), befindet sich nirgendwo anders als in unserem Kopf. Genau dort entsteht das sensorische Bild der Welt und vermischt sich mit unseren mentalen Aktivitäten zu einer undurchschaubaren Gesamt-Illusion.

- **Die Illusion steckt *nicht* in den wahrnehmbaren Objekten, sondern im Betrachter dieser Objekte – *wir selbst* sind die Quelle aller Illusionen.**

Denn es sind *unsere* Sinnesorgane, die wahrnehmen, und es ist *unser* Gehirn, das die entsprechenden Informationen verarbeitet. Ebenso sind es *unsere* Gedanken und Gefühle, die diese Informationen zusätzlich verfremden.

Solange die illusionäre Welt uns zufrieden stellt, besteht kein Interesse, die Täuschung zu durchschauen. Erst wenn Lebensumstände als leidvoll erfahren werden, beginnen wir vielleicht, die Illusion zu hinterfragen. Und sobald wir unser eigenes Ich als die Quelle aller Illusionen erkannt haben, können wir es untersuchen.

- **Erste Phase der Selbst-Erforschung: Konzentration.**

Schalten wir jetzt einmal den Fernseher ein und setzen uns in dem Gefühl des eigenen Vorhandenseins aufs Sofa. Mit dem klaren Empfinden „*Ich* sehe fern" spüren wir eine intensive Wachheit: Wir sind uns bewusst, bewusst zu sein, und erfahren deutlich die eigene Existenz. Mit diesem Daseins-Gefühl bleiben wir nun in Kontakt.

Nach einiger Zeit werden wir merken, dass wir unser bewusstes Vorhandensein verloren hatten, dass es völlig vom Geschehen in der Flimmerkiste absorbiert worden war. Im selben Moment ist es natürlich wieder vorhanden, sonst wüssten wir nicht, dass es verloren gegangen war. Jetzt können wir erneut mit unserem hellwachen Dasein in Kontakt bleiben: Wir verlieren die Tatsache nicht aus den Augen, dass wir bewusst sind, fernzusehen.

Damit sind wir wiederum bewusst, bewusst zu sein.

Nach mehrmaligem Wechsel kennen wir genau den Unterschied zwischen unserer tranceähnlichen Abwesenheit einerseits und dem klaren Bewusstsein unseres Vorhandenseins andererseits. Kein Guru kann uns schneller zum bewussten Sein führen.

Mit der Fernbedienung schalten wir den Kasten aus und bleiben in dem Bewusstsein unser eigenen Anwesenheit auf dem Sofa sitzen, versuchen mal mit offenen, mal mit geschlossenen Augen im Kontakt mit dem bewussten Sein zu bleiben.

Nach einer Weile entdecken wir plötzlich, dass wir gedanklich abgeschweift und in diesen Gedanken genauso verloren gegangen waren wie zuvor im TV-Geschehen. Sobald wir dies bemerken, ist unser Daseins-Gefühl natürlich wieder vorhanden: Wie in einem lichten Moment erinnern wir uns unvermittelt an uns selbst. Falls wir uns jetzt nicht gedanklich mit dem vorherigen Abschweifen beschäftigen, können wir wieder für eine kleine Weile in der Empfindung von bewusster Wachheit, von Selbst-Bewusstsein verbleiben.

Während des bewussten Seins herrscht meistens Gedankenleere.

Nun werden sich Sequenzen von Bewusstsein abwechseln mit Sequenzen von Gedankenaktivitäten.

- **Wenn wir bewusst sind, bewusst zu sein, richtet sich das Bewusstsein auf sich selbst.**

- **Sobald wir über etwas nachdenken, wendet sich das Bewusstsein von sich selbst ab, richtet sich auf die Gedanken und verliert sich in ihnen.**

Dies zu *erleben*, ist von größter Wichtigkeit für jeden weiteren Schritt. Denn wenn wir diesen Vorgang im Alltag überprüfen, werden wir feststellen, dass wir nahezu ununterbrochen über irgendetwas nachdenken und in unseren mentalen Aktivitäten buchstäblich verloren gegangen sind: Wir sind meistens abwesend, haben keinerlei Empfinden von Wachheit und registrieren unser eigenes Vorhandensein kaum. Wir taumeln wie im Halbschlaf durch unser Leben und nehmen unsere Umgebung nur schemenhaft wahr. Dabei überlagert mentale Aktivität vollkommen das Gefühl unserer eigentlichen Lebendigkeit. Es ist, als liefe ein Fernseher in unserem Kopf, dessen penetrantes Programm jede andere Wahrnehmung vernebelt.

Wir meinen nur, dass wir leben. Tatsächlich denken wir, statt zu leben. Falls diese desillusionierende Erfahrung schockierend genug ist, sind wir der Wirklichkeit ein gutes Stück näher gekommen.

Bei unserer Übung im Sitzen, zu der wir fortan keine technischen Hilfsmittel mehr brauchen, achten wir nun darauf, die Sequenz bewussten Seins auszudehnen. Indem wir so präsent wie möglich sind, vergrößern wir die Lücke zwischen dem gerade vergangenen Gedanken und dem in Kürze entstehenden Gedanken. Dafür ist ein gewisses Maß an Konzentration erforderlich. Dennoch werden wir feststellen, dass unser bewusstes Sein sowohl *von selbst* in Gedanken verloren geht, als auch *von selbst* wieder auftaucht.

Das abschweifende Verschwinden passiert seltener, wenn wir uns mit wachsamem Desinteresse von den Gedankenketten abwenden, die unser Verstand produziert. Hilfreich ist es, mehrmals tief in den Unterleib einzuatmen und beim Ausatmen den Körper zu entspannen, wann immer wir das aktive Denken bemerken.

Daraufhin beruhigt sich der Verstand und sendet nur noch in größeren Abständen Einzel-Gedanken aus. Sie sind meist fragil oder vage, als seien sie nicht komplett ausformuliert, und verfliegen von allein wieder. Wenn wir sie registrieren, haben wir den Eindruck, als würden sie sich selbst denken, statt von uns aktiv gedacht zu werden. Erstaunlicherweise unterbrechen sie nicht das Bewusstsein, bewusst zu sein.

● Zweite Phase der Selbst-Erforschung: Meditation.

Nach einigen Übungen stabilisiert sich unser bewusstes Sein in der Gedankenleere, und das Gefühl von Anstrengung schwindet. Jetzt können wir die *Konzentration* zurücknehmen und die gedankenleere Empfindung, bewusst zu sein, stattdessen mit einer sanften, aber weiterhin wachen *Aufmerksamkeit* beobachten.

Dabei löst sich nach und nach unser gewohntes Körpergefühl auf. Anfangs scheint es, als würde der Körper leichter werden und sich ausdehnen. Später existiert nur noch die Empfindung eines großen weiten Raumes, der sich unbegrenzt nach innen und nach außen erstreckt. Dort ist es sehr still, und doch schwebt darin deutlich wahrnehmbar unser Bewusstsein, bewusst zu sein. Es registriert gelegentliche Einzel-Gedanken, die durch diesen Raum ziehen.

Das Empfinden unseres Vorhandenseins ist weiterhin klar und eindeutig. Allerdings hat es unser bisheriges Ich-Gefühl ersetzt: Während der Übung erleben wir uns selbst nicht mehr in der gleichen Weise wie vorher als ein persönliches Ich, sondern immer deutlicher „nur noch" als unpersönliches Dasein, als nicht genau zu definierendes Vorhandensein, als ichloses Bewusst-Sein.

Wir stehen nun an der Schwelle zur Meditation. Um im stillen bewussten Sein zu verbleiben, ist es wichtig, dass wir unser Interesse weiterhin an das Bewusstsein heften, bewusst zu sein, und nicht auf die Körperlosigkeit oder die Ichlosigkeit richten, nicht auf den grenzenlosen Raum oder auf die Einzel-Gedanken oder sonstige Erscheinungen. Von all dem wenden wir uns mit wachsamem Desinteresse ab. Uns interessiert lediglich unsere Anwesenheit als Bewusstsein.

Daraufhin werden plötzlich Traumsplitter auftauchen: kurze, zusammenhanglose Träume, in denen unsere Wachheit genauso verloren geht, wie sie zu Beginn der Übung in Gedankengängen verloren ging.

Nach einer Weile bemerken wir, dass wir in einem Kurztraum verschwunden waren und unsere Bewusstheit verloren hatten. Genau in diesem Augenblick ist sie natürlich wieder vorhanden, und der Traum ist beendet. Wenn wir uns jetzt nicht gedanklich mit der vorherigen Abwesenheit oder dem Trauminhalt beschäftigen, können wir unser Interesse wieder auf das Bewusstsein richten, bewusst zu sein. Körper- und Ich-Gefühl lösen sich dann recht schnell erneut auf; unpersönliches Vorhandensein bleibt bestehen und wird dann durch einen neuen Kurztraum ausgelöscht.

Es ist wichtig, diesen Vorgang so genau wie möglich zu beobachten, damit wir erkennen können, dass die Fähigkeit, irgendetwas wahrzunehmen, *nicht* an unser Ich-Empfinden gebunden ist – denn ein solches ist nicht vorhanden, während diese Kurzträume wahrgenommen werden. Die bisherige Dreiheit von Subjekt-Prädikat-Objekt präsentiert sich plötzlich als Zweiheit: Das wahrnehmende Subjekt (Ich) ist verschwunden, während weiterhin Objekte (Träume) wahrgenommen werden (Prädikat). Entgegen der allgemeinen Überzeugung ist es ganz offenbar so, dass wir unser Ich-Empfinden nicht brauchen, um Wahrnehmungen zu machen.

Überrascht erkennen wir, dass das eigentlich nichts Besonderes ist. Immer wenn wir nachts träumen, ist das Subjekt (unser Ich) verschwunden, denn wir wissen nicht, dass wir im Bett liegen und träumen. Prädikat und Objekt sind jedoch weiterhin vorhanden, nämlich das Wahrnehmen (Prädikat) eines Traumes (Objekt).

Bald wird dieses erstaunliche Ereignis für uns so selbstverständlich, dass während des Sitzens die Übergänge zwischen Kurzträumen und bewusstem Sein sehr sanft und fast unmerklich werden – die Übung beginnt zu fließen. Damit haben wir die Phase der ichlosen Meditation erreicht. In ihr erscheinen Objekte, die wir nicht erzeugt haben, und das Wahrnehmen dieser Objekte findet ohne uns statt. Nur Wahrnehmen und Wahrnehmbares existieren, während das wahrnehmende Ich fehlt.

● Dritte Phase der Selbst-Erforschung: Versenkung (Samadhi).

Es wird immer wieder vorkommen, dass wir während der Übung müde werden. Dagegen anzukämpfen, verhindert den Fortschritt unserer Selbst-Erforschung. Mit der Bereitschaft, einzuschlafen, senken wir deshalb in solchen Momenten das Kinn auf die Brust und bleiben bewusst, bewusst zu sein. Entweder werden wir dann tatsächlich einschlafen, unser bewusstes Sein verlieren und nach einigen Minuten erfrischt aufwachen, um die Übung fortzusetzen. Oder die Müdigkeit verfliegt nach einigen Minuten, ohne dass wir eingeschlafen sind, und dann heben wir den Kopf wieder.

Der Zustand der Meditation hat anfangs eine gewisse Ähnlichkeit mit dem Träumen und der Zustand der Versenkung mit dem Schlafen. Wie wir Meditation nur erleben können, wenn wir das vermeintliche Träumen nicht verhindern, so können wir Samadhi

8. Bewusst sein, bewusst zu sein

nur erleben, wenn wir das vermeintliche Einschlafen nicht verhindern.

Bald werden die Übergänge zwischen dem kurzen Schlaf und dem erneuten Bewusstsein, bewusst zu sein, sehr sanft werden. Beim Aufwachen schrecken wir dann nicht mehr mit schlechtem Gewissen in unseren Körper und in unser Ich zurück, sondern gleiten fast unmerklich wieder in das weitgehend unpersönliche bewusste Sein.

In diesem Stadium bemerken wir, dass wir während des kurzen Träumens in den Phasen der Meditation zunehmend das Empfinden spüren, wach und bewusst zu sein. Wir erfahren uns als präsent und vorhanden – aber selbstverständlich *nicht* als das, was wir bisher für unser Ich gehalten haben, sondern als eigenschaftslose Wachheit, als unpersönliches Bewusst-Sein.

Von nun an wechseln sich die drei Phasen während jeder Übung mehrmals ab. Dabei wird das Versinken im Samadhi als zutiefst friedvoll und glückselig erlebt.

Wiederum ist es wichtig, die Geschehnisse so genau wie möglich zu beobachten. Wir erkennen, dass aus der Dreiheit von Subjekt-Prädikat-Objekt nicht nur das Subjekt, sondern nun auch jedes wahrnehmbare Objekt verschwunden ist: Im Samadhi wird wie im Tiefschlaf absolut *nichts* mehr wahrgenommen. Allein das Prädikat (Wahrnehmen) ist übrig geblieben. Ohne wahrnehmendes Ich und ohne wahrnehmbare Objekte findet das Wahrnehmen von Leere oder Nichts statt.

Allerdings ist uns im Tiefschlaf und im Samadhi die Tatsache des Wahrnehmens *nicht* bewusst. Denn wenn nichts wahrgenommen werden kann und niemand da ist, der wahrnimmt, ist es anfangs unmöglich, diesen Zustand reiner oder leerer Wahrnehmung zu bemerken. Unser menschliches System kann sich im leeren Nichts, das wahrgenommen wird, nirgendwo festhalten, verliert jegliche Orientierung und schläft ein.

Allmählich entwickelt sich jedoch das Empfinden, auch während des kurzen Schlafens irgendwie vorhanden und zumindest halbwach zu sein. Das Bewusstsein, bewusst zu sein, stabilisiert sich und erhellt zunehmend die Phasen von Meditation und Versenkung.

● Vierte Phase der Selbst-Erforschung: Erleuchtung.

Die Frage, ob wir regelmäßig üben sollen oder unser Erwachen dem Schicksal überlassen können, ist irrelevant. Wenn unser Desinteresse an den aufregenden, aber völlig überflüssigen Gedanken und an der illusionären Welt ein gewisses Maß erreicht hat, dann werden wir *zwangsläufig* eine Übung machen, die auf das Verweilen in gedankenleerer Wachheit abzielt. Wir können dieses Üben weder herbeiführen noch verhindern, und wir brauchen beides auch nicht zu versuchen.

Auf jeden Fall ist es störend, eine bestimmte Phase unbedingt erreichen zu wollen, während ein entspanntes Nicht-Wollen unseren Fortschritt grundsätzlich unterstützt. Denn während der Übung geschieht ohnehin alles von selbst, weil unser vermeintliches Ich sich in ichloses Bewusstsein verwandelt hat und keinerlei Einfluss auf das Geschehen nehmen kann.

Von der ersten Übung an geht es um das Bewusstsein, bewusst zu sein, und jede einzelne Übung beweist uns, dass dieses bewusste Sein *im Hintergrund konstant vorhanden ist.* Es ist unser wahres Ich, unser tiefstes Wesen. Es ist die Basis unserer Existenz, unsere natürliche Allgegenwart. Es wird jedoch nicht bemerkt, wann immer wir unser Interesse auf etwas anderes richten: auf Gedanken, die äußere Welt oder auf den Körper, das vermeintliche Ich, energetische Phänomene oder Traumbilder.

Wir bemühen uns nicht um irgendein mysteriöses Erwachen in ferner Zukunft, sondern darum, im gegenwärtigen Augenblick unser Wachsein nicht zu verlieren. Wir üben, den Kontakt zu unserem ewigen bewussten Sein auch dann aufrechtzuhalten, wenn es in immer subtilere Daseins-Ebenen vordringt. Dabei verliert sich das Bewusstsein *von selbst* in Gedanken oder Erscheinungen und richtet sich auch *von selbst* wieder auf sich selbst. Wir können das nicht willentlich beeinflussen, aber mit zunehmendem Interesse an diesem Vorgang verweilt das Bewusstsein länger im bewussten Sein.

Während unserer Übung sind wir *bewusst*, bewusst zu sein; mit anderen Worten: Unser Bewusstsein ist das *Objekt* unseres Bewusstseins. Es schaut quasi in einen Spiegel. Aber es kann sich darin nicht erkennen, weil es sich mit dem beschäftigt, was im Spiegel zu sehen ist, und nicht mit dem, was in den Spiegel blickt.

Eines Tages aber wendet es sich vielleicht spontan zu sich selbst um und erkennt sich als das wahrnehmende Bewusstsein. Diese Selbsterkenntnis des Bewusstseins wird Erleuchtung genannt. In dem Augenblick leuchtet absolutes Bewusstsein auf („absolut" im Sinne von: „nichts anderes als nur Bewusstsein") und gibt sich als die Quelle zu erkennen, aus der das gesamte Universum hervorgeht, und gleichzeitig als das Licht, in dem alle Dinge des Universums wahrgenommen werden.

Gott, unser wahres Ich, das Große Mysterium des Lebens oder wie immer wir das ursprüngliche Eine nennen, das wir suchen, befindet sich nicht *im* Bewusstsein – das Bewusstsein selbst *ist* Gott, unser wahres Ich, das Große Mysterium, der Ursprung von allem. Es offenbart sich erst, wenn wir nichts anderes mehr wollen als bewusst *sein*.

Im Zustand der Erleuchtung wird erkannt, dass dieses absolute Bewusstsein bereits von Anfang an immer als unser wahres Ich gegenwärtig war – im Verborgenen. Wir sind also nicht gezwungen, einen neuen Zustand herzustellen oder zu erreichen, sondern brauchen nur das stets Vorhandene neu zu entdecken.

9.

Entlang
der Grenze

Ich unterbrach mein Denken ständig zugunsten der Gedankenleere. Ich wünschte mir nichts mehr. Ich wandte mich von fast jedem Problem, fast jedem Konflikt und fast jeder Aufregung ab. Ich litt unter Schlafmangel.

Damit konnte sich mein psychosomatisches System nicht abfinden.

An einem Samstag geschah in der S-Bahn mit meinem Körper etwas. Alles ging so schnell, dass ich nicht wirklich bemerkte, was genau passierte, nur dass ich plötzlich große Angst verspürte. Ich war von dieser Angst völlig überrascht und verließ die S-Bahn an der nächsten Station fluchtartig. Mein Herz hämmerte, die Knie zitterten, Hände und Füße waren eiskalt, und auf der Stirn bildeten sich Schweißtropfen. Mir war übel, und in meinem Darm rumorte es. Ich hastete auf eine öffentliche Toilette und saß dort etwa eine halbe Stunde lang, schlotternd vor Angst. Als sich mein Zustand nicht besserte, machte ich mich auf den Rückweg zu meinem Auto, das außerhalb des Stadtzentrums geparkt war. Das schnelle Gehen tat mir gut, aber die Symptome verschwanden erst, als ich mich zu Hause aufs Bett legte.

Aus beruflicher Erfahrung wusste ich, dass ich Opfer einer Panikattacke geworden war, doch sie wiederholte sich in den nächsten Tagen nicht, und deshalb vergaß ich den Vorfall wieder.

Etwa zwei Wochen später bemerkte ich während eines Waldspazierganges, dass es schon ziemlich lange still in mir war. Ich hatte bewusst meine Übung gemacht; nun schien sie sich plötzlich von allein zu vollziehen: Es war völlig still, und meine wache Aufmerksamkeit schwebte mit allergrößter Leichtigkeit und absolut selbstverständlich in dieser gedankenleere Stille.

Ohne darüber nachzudenken, registrierte ich das mit Freude, denn bis zu diesem Augenblick war die Übung immer mit einer gewissen Anstrengung verbunden gewesen. Außerdem spürte ich jetzt, dass mein Körper völlig entspannt war und sich das Körpergefühl aufzulösen begann, wie ich es von meiner Übung im Sitzen und vom Einschlafen her kannte. Auch das wurde mit Freude wahrgenommen.

Dann geschahen zwei Dinge gleichzeitig: Zum einen wurde die gesamte Umgebung plötzlich auf eine überraschende Weise vielfarbig und vielförmig, zum anderen verschwand mein Körpergefühl vollkommen. Alle Dinge zeigten weiterhin ihre gewohnten Farben und Formen; diese waren jedoch derart glasklar und überdeutlich, wie ich sie nie zuvor wahrgenommen hatte. Gleichzeitig spürte ich meinen Körper überhaupt nicht mehr, obwohl er weiter voranschritt.

Diese beiden drastischen Veränderungen innerhalb meiner Wahrnehmung lösten größtes Erstaunen aus – bis ich merkte, dass ich immer noch nicht dachte. Trotz aller Wahrnehmungen, die ich innen und außen machte, herrschte in mir immer noch absolute Stille. Dieses Bemerken löste Angst aus: die Angst, umzufallen oder ohnmächtig zu werden, und die Angst, nie wieder denken zu können. Binnen Sekunden steigerte sie sich zur Panik. Mein Herz begann zu rasen, und kalter Schweiß ergoss sich über meinen Rücken.

Ich blieb stehen. Langsam setzte das Denken wieder ein. Es war jedoch derart schwerfällig, dass viele Sekunden vergingen, bis sich der erste Gedanke verstümmelt, aber erkennbar in mir formuliert hatte. Er lautete sinngemäß: „Denken muss jetzt gelingen, sonst wird es nie wieder möglich!"

Ich versuchte verzweifelt und mit größter Anstrengung, einen nächsten Gedanken zu bilden, doch die Stille war derart manifest, dass ich ihr wiederum Wort für Wort abringen musste. Im Laufe von vielen zähen Minuten entstand etwa Folgendes: „Die Stille ist fest wie Marmor. Ich muss jedes Wort aus ihr herausmeißeln. Wenn ich aufgebe, werde ich nie wieder denken können. Dann werde ich verrückt und kann nicht mehr normal funktionieren. Dann komme ich in ein Irrenhaus. Dort weiß niemand, dass ich diesen Zustand selbst erzeugt habe. Und niemand weiß, wie man ihn wieder rückgängig macht."

Das Denken und die körperlichen Paniksymptome beendeten nach und nach und quälend langsam jene Bewusstseins-Vertiefung, die ich erlebte. Farben und Formen verloren ihre Intensität, gingen wieder auf gewohnte Distanz zu mir, und allmählich stellte sich auch mein Körpergefühl wieder ein.

Als ich am Abend über dieses Erlebnis nachdachte, war mir klar, dass ich genau das seit Jahren angestrebt hatte. Genau das war ja eigentlich das Ziel meiner Übungen mit dem Nicht-Denken: mühelose und absolute Gedankenleere, die sich nicht mehr unterbrechen ließ. Aber die Erfahrung war derart überwältigend und beängstigend gewesen, dass ich sie nicht noch einmal erleben wollte. Also stellte ich alle diesbezüglichen Übungen ein und machte fortan einen großen Bogen um die Stille.

Etwa acht Wochen nach der ersten Panikattacke in der S-Bahn erwischte mich wieder eine bei einem Stadtbummel. Sechs Wochen später folgte eine weitere, vier Wochen danach packte mich die nächste.

Inzwischen war ich sehr aufmerksam geworden und hatte erkannt, womit alle begannen: Zuerst wurde mein Körper plötzlich leicht, schien sich aufzulösen, wurde instabil, was ein Gefühl von Schwindel erzeugte. Dieses Gefühl löste Angst aus, das Gleichgewicht zu verlieren, eventuell umzufallen, ohnmächtig zu werden, und diese Angst erzeugte die intensiven Körperreaktionen. Vom ersten Augenblick bis zum Abklingen der Symptome verging mindestens eine halbe Stunde, meistens eine ganze.

Obwohl ich den Ablauf nun genau kannte, konnte ich ihn nicht verhindern oder verändern, denn sobald der Schwindel begann, kam die Angst, und es war mir unmöglich, vernünftig oder logisch zu denken. Das Denken fror in der Angst ein und beschäftigte sich nur noch mit ihr.

Roberta kochte den besten Kaffee der Welt und war meine engste Vertraute. Wir waren uns nah wie Bruder und Schwester, hatten keinerlei Geheimnisse voreinander und sprachen in uneingeschränkter Aufrichtigkeit über die Dinge, die uns wichtig waren. Sie erlebte die letzten vier meiner acht magischen Jahre aus nächster Nähe mit und entwickelte sich während dieser Zeit selbst zu einer großen Zauberin. Dabei blieb sie herzlich und natürlich und empfand es als Selbstverständlichkeit, anderen Menschen zu helfen, wann immer sie Hilfe brauchten.

Über ihre magischen Erlebnisse sprach sie nur mit mir, aber sie gab Ratsuchenden den Hinweis, gedankliche Konzepte, die sich im Leben negativ auswirken, aufzuspüren und zu verändern.

Roberta wiegelte stets ab, wenn ich sie als spirituelle Sucherin bezeichnete, und sie behauptete, einfach nur ein schönes Leben haben zu wollen. Aber ich kannte niemanden, der so konsequent wie sie versuchte, Authentizität und Sanftmut miteinander zu verbinden, der Einzigartigkeit ihres Wesens Ausdruck zu verleihen, ohne ihre Mitmenschen dabei in deren So-Sein zu behindern. Wie ich auf der Suche nach der letzten Wahrheit war, war sie auf der Suche nach der Liebe. Wenn ich ihr erklärte, dass beides höchstwahrscheinlich dasselbe sei, lachte sie nur.

Ich sprach mit ihr über meine Panikattacken, und gemeinsam versuchten wir, auf magischem Weg etwas dagegen zu unternehmen; vergeblich. Als die Anfälle nach einem halben Jahr alle zwei Wochen auftauchten, begab ich mich zu einem Kollegen in Behandlung, den ich aus der Zeit meiner Ausbildung kannte und sehr schätzte. Er war Arzt für Psychiatrie, der mit klassischer Homöopathie arbeitete – bei mir ohne Erfolg.

9. Entlang der Grenze

Nach etwa einem Jahr veränderte sich das Geschehen. Es fand nun nicht mehr tagsüber statt, sondern morgens zwischen drei und sechs Uhr früh. Es begann regelmäßig mit einem Albtraum, der die Angst auslöste. Sie weckte mich auf und steigerte sich in den nächsten Minuten zur Panik. Solange die mit Herzrasen, Schweißausbrüchen, Zittern, Übelkeit und Ohnmachtsgefühlen anhielt, lag ich handlungsunfähig im Bett und wartete völlig hilflos auf das Ende. Tagsüber befand ich mich in ständiger Alarmbereitschaft. Ich hatte jedes Vertrauen in meinen Körper und meine Psyche verloren und war nur noch ein Schatten meiner selbst.

An manchem Morgen graute mir dermaßen vor dem neuen Tag, dass der Gedanke an Selbstmord wieder auftauchte. Glücklicherweise erkannte ich ihn jeweils sofort als nichts weiter als einen Gedanken. Ich unternahm nichts gegen ihn, sondern identifizierte und benannte ihn innerlich als „Gedanke!", glaubte ihm nicht und dachte sofort an irgendetwas anderes.

Obwohl mein Zustand schrecklich war, beobachtete ich das gesamte Geschehen so genau wie möglich. Ich vermutete, dass meine Experimente mit der Gedankenleere den Boden für die Angstanfälle bereitet hatten. Der Verzicht auf das sonst ständig kreisende Denken und der Verzicht auf Aufregung ließen die Dinge in Erscheinung treten, die darunter verborgen lagen, und dies war in meinem Fall nun eben Angst.

Ich erkannte die drei Quellen, aus denen sich das menschliche Ich-Gefühl hauptsächlich ernährt, und diese sind: Widerstand, Wünsche und Ängste.

Widerstand (Konflikte und Probleme) stärkt das Ich-Empfinden enorm, wenn wir uns in Gedanken oder Handlungen damit beschäftigen. Dabei haben wir das Gefühl, uns mit etwas *außerhalb* des eigenen Seins herumzuschlagen, und fühlen uns nur durch die Aufregung betroffen, die wir währenddessen empfinden.

Wünsche stärken das Ich-Empfinden ebenfalls enorm, wenn wir uns mit ihnen in Gedanken oder Handlungen beschäftigen. Dabei haben wir wiederum das Gefühl, uns um etwas *außerhalb* des eigenen Seins zu bemühen, und fühlen uns nur durch die Aufregung betroffen, die wir währenddessen empfinden. Im Laufe des Lebens werden Wünsche entweder erfüllt oder aufgegeben. Das Wünschen an sich jedoch, die Hoffnung auf Besseres, wird nur in den seltensten Fällen überhaupt in Frage gestellt oder gar bewusst beendet.

Angst (vor etwas oder intensive Sorge um etwas) ist die höchste Form der Aufregung und vermittelt das stärkste Ich-Empfinden. Sobald wir von ihr befallen werden, haben wir das Gefühl unmittelbarer eigener Betroffenheit *innerhalb* unseres persönlichen Seins.

Wenn wir Widerstand und Wünsche weitgehend aufgegeben haben, erhebt sich die Angst und verteidigt das Ich-Gefühl, das durch den Verzicht auf Widerstand und Wünsche ernsthaft bedroht ist. Angst stellt die letzte Bastion der individuellen menschlichen Persönlichkeit dar.

Zum einen wollte ich natürlich die Angst loswerden, um endlich wieder einigermaßen frei und glücklich leben zu können. Zum anderen wollte ich sie überwinden, um das Ich-Empfinden vollends zum Einsturz zu bringen und dahinter das Große Mysterium zu entdecken.

Aber ich fand keinen erlösenden Umgang mit der Angst, obwohl ich nun intensiv Rat bei Meditationskundigen suchte. Niemand konnte mir sagen, wie ich mit diesen Anfällen umgehen sollte. Ich veränderte meine Ernährung, trieb regelmäßig Sport und hielt mich von allem fern, was Stille oder Angst auslösen konnte. Vergeblich. Am meisten Angst hatte ich mittlerweile davor, verrückt zu werden.

Eines Morgens erwachte ich wie so oft gegen vier Uhr schweiß-
gebadet aus einem Albtraum. Diesmal erkannte ich jedoch in einem plötzlichen Geistesblitz, dass mein körperlicher *Zustand von
Angst* zwar real war, dass jedoch der *Inhalt der Angst*, nämlich verrückt zu werden oder an einem Herzinfarkt zu sterben, nicht real,
sondern nur ein Gedanke war.

Das war ein absoluter Durchblick!

Sofort folgte die Einsicht, dass die körperlichen Symptome denen bei einem Orgasmus ähnelten und dass ich bei einem Orgasmus niemals Angst hatte zu sterben. Also ließ ich den Gedanken,
jetzt womöglich einen Herzinfarkt zu erleiden, augenblicklich fallen.

Der Gedanke, verrückt zu werden, war ebenfalls nur ein Gedanke, und bis jetzt war ich trotz aller Panikattacken immer noch nicht
verrückt geworden. Also bestand die Möglichkeit, diesem Schicksal auch heute zu entgehen, und ich ließ jenen Gedanken ebenfalls
fallen, denn auch er war *jetzt nicht real*.

Nun blieb nur noch der äußerst unangenehme körperliche Zustand allein übrig, und da die Angst weggefallen war, konnte ich
mich ihm zuwenden, ihn bewusst beobachten. Umgehend intensivierte er sich, und das rief erneut die Angst vor Wahnsinn und Tod
auf den Plan. Kaum bemerkte ich sie, erinnerte ich mich an ein
Mantra, das ich vor einigen Jahren benutzt hatte, um Gedanken
abzuwehren, und ich verband es mit meinem Atem: Ich dachte das
Wort „Ja" bei jedem Einatmen und bei jedem Ausatmen und ver-
hinderte damit das weitere Aufsteigen der ängstlichen Gedanken.

Nach kurzer Zeit fühlte ich mich im Zustand des Nicht-Denkens einigermaßen stabil und gab das Mantra beim Ausatmen auf;
wenig später verzichtete ich auch beim Einatmen darauf. Sofort
wurde die gedankenleere Stille fester, ich fühlte mich höchst präsent, und die Wahrnehmung der körperlichen Symptome wurde
noch deutlicher.

Mein Mund war trocken, mein Herz raste, der Atem flog. Kalter Schweiß floss, in meinem Darm rumorte es. Wieder brach der Gedanke, an einem Herzinfarkt zu sterben, über mich herein, und wieder wehrte ich ihn entschlossen ab, indem ich zur Konzentration auf das Mantra zurückkehrte, weil ich wusste, dass der Gedanke nicht real war, denn schließlich starb ich in diesem Augenblick noch nicht. Nun tauchten mehrmals andere, ähnlich erschreckende Gedanken auf. Jedes Mal erkannte ich sie als Gedanken und folglich als nicht real. Ich wehrte sie durch die Konzentration auf das Mantra ab, um mich dann, ohne zu denken, dem körperlichen Geschehen zuzuwenden und es zu beobachten. Der Kampf gegen die Gedanken dauerte etwa zehn Minuten und war äußerst anstrengend. Währenddessen tobten die Paniksymptome in meinem Körper.

Plötzlich tauchten keine Gedanken mehr auf, und ich ließ das Mantra erneut fallen. Nun konnte ich mich vollkommen auf die körperlichen Phänomene konzentrieren, sie zum alleinigen Objekt meiner wachen Aufmerksamkeit machen und in absoluter Klarheit wahrnehmen. Mit den Gedanken war die Angst verschwunden, und ich erkannte, dass Angst *immer* ein Vorgang des Denkens ist und dass keine Angst existiert, wenn kein Denken stattfindet. Widerstand, Wünsche und Ängste, die drei Quellen des Ich-Empfindens, sind auf den Denkvorgang angewiesen. Ohne Denken gibt es keinen Widerstand, keine Wünsche und keine Angst.

Von der Angst befreit, bemerkte ich plötzlich, wie sehr ich mich verkrampft hatte und dass das jetzt überflüssig war. Also entspannte ich mich. Das gesamte körperliche Geschehen war zwar weiterhin überwältigend, erschien aber nicht mehr im Mindesten bedrohlich und nicht einmal unangenehm, da im Zustand des Nicht-Denkens die Bewertung „unangenehm" ebenfalls nicht mehr vorhanden war.

9. Entlang der Grenze

Die Entspannung führte dazu, dass sich das Geschehen von der körperlichen auf eine energetische Ebene verlagerte: Die Symptome verloren an Heftigkeit und wurden fließender, breiteten sich im gesamten Körper aus und wogten in ihm und durch ihn hindurch.

Mittlerweile beobachtete ich das Geschehen in stiller, wacher Aufmerksamkeit ohne die Einmischung von Gedanken. Noch einmal verlor das Wogen an Intensität, löste jedoch gleichzeitig mein Körpergefühl vollkommen auf, so dass ich in einem nichtkörperlichen Raum schwebte, durch den sich die Energie wie in einem langsamen Tanz bewegte.

Es war vollkommen still in mir, und ich bemerkte einen tiefen Frieden, der so köstlich war, dass ein Gefühl größter Wonne aus ihm entstand.

Von dieser Seligkeit in höchstem Maß überrascht, öffnete ich die Augen – und sah, dass die Sonne schien. Es war acht Uhr morgens, also musste ich wohl eingeschlafen sein, nachdem die Energien sich beruhigt hatten. Aber warum war ich immer noch so unbeschreiblich glücklich?

Das Glücksempfinden hielt den ganzen Tag über an, und zum ersten Mal nach vielen, vielen Monaten tat ich wieder Dinge, die mir Freude bereiteten. Ich war weder gestorben noch verrückt geworden. Ich war einfach nur glücklich. Erst etliche Monate später sollte ich erkennen, dass ich an diesem Morgen zum ersten Mal Samadhi erlebt hatte.

Während eines Schaufensterbummels einige Tage später begann mein Körpergefühl wieder, sich aufzulösen, und mir wurde wieder schwindelig. Statt wie immer mit Angst vor Ohnmacht darauf zu reagieren, atmete ich sofort das Mantra und konzentrierte mich auf meine Fußsohlen. Das Körperempfinden verschwand vollständig, und ich hatte das Gefühl, oberhalb der Fußsohlen als Körper nicht mehr zu existieren.

Erstaunlicherweise fiel ich nicht um; also ging ich weiter. Die Gedankentätigkeit verebbte, gedankenleere Stille trat ein. Ich empfand äußerste Wachheit und spürte meine eigene Anwesenheit überdeutlich. Die Angst vor einer erneuten Panikattacke tauchte kurz auf und wurde sofort durch die Konzentration auf das Mantra getilgt.

Die Stille wurde fest wie Marmor. Der Gedanke, vielleicht nie wieder denken zu können, wurde als Gedanke erkannt und durch das Mantra ersetzt. Danach konnte ich auf das Mantra verzichten. Nun blieb die Stille marmorn. Alle Farben und Formen gewannen an Klarheit und Intensität – das Leben erschien in wundervoller Schönheit, und ohne zu denken, ergötzte ich mich daran, bis der Zustand nach einigen Minuten bedauerlicherweise von selbst wieder verging.

In den nächsten Wochen erwachte ich noch etwa fünf oder sieben Mal voller Angst aus einem Albtraum. Sofort atmete ich das Mantra und beobachtete dann die körperlichen Symptome ohne Gedanken und ohne Mantra mit wacher Aufmerksamkeit, bis die Energiewellen mich in einen Zustand köstlichen Friedens und höchster Wonne führten. Darin verschwand schließlich *alles*. Einige Zeit später tauchte ich aus dem Samadhi wie aus einem tiefen Schlaf wieder auf und war glückselig.

Im Verlauf der Panikattacken war es mir möglich geworden, das Wesen der Angst zu durchschauen. Jede Sorge um uns selbst oder um unsere Liebsten ist nichts weiter als ein aufregender Gedanke, und jede Angst vor unserer eigenen Zukunft, vor Krieg oder Krebs und vor jeder Art von Verlust ist ebenfalls nur ein aufregender Gedanke. Sobald wir irgendetwas gegen das Befürchtete tun oder den negativen Gedanken durch einen positiven ersetzen, erkennen wir damit die scheinbare Realität des Gedachten an, und nun neigt es dazu, Wirklichkeit zu werden.

Wenn wir hingegen die sorgenvollen oder ängstlichen Gedanken als „Gedanken!" erkennen, die zwar real sind, weil sie auftauchen, deren *Inhalt* jedoch *nicht* real ist, weil er etwas beschreibt, das *jetzt nicht vorhanden ist*, dann entfällt die Notwendigkeit, ihnen zu glauben und ihnen gemäß zu handeln. Wir haben dann die Freiheit, uns einfach von ihnen abzuwenden und gedankenleer die Aufregung zu beobachten, die jene Vorstellungen in unserem Körper erzeugt haben.

Natürlich kann das, wovor wir uns fürchten, irgendwann eintreten, zur Realität werden, aber in diesem Augenblick ist nur der *Vorgang* des Denkens real, nicht aber der *Inhalt* des Denkens.

Auf einen Zettel, den ich mir an den Badezimmerspiegel heftete, schrieb ich:

Der ewig kreisende Verstand
erschafft die Probleme
aus Gewohnheit
und hält aus Langeweile
an ihnen fest, um sich
in ständiger Wiederholung
mit ihren Lösungen
oder ihrer Unlösbarkeit
beschäftigen zu können.

Die ursprüngliche Illusion, der alle weiteren Illusionen entspringen, besteht darin, dass wir glauben, unser Ich stecke in unserem Körper. Daraus folgern wir beispielsweise, dass in anderen Körpern andere Ichs stecken. Beides entspricht nicht der Wahrheit.

10.
Das mysteriöse Ich

Was wir als „mein Körper" bezeichnen, ist vor allem ein Produkt aus den Genen unserer Eltern. Zusätzliche Eigenschaften erhält er durch Umwelteinflüsse (wo er bis jetzt gelebt hat und was ihm bis jetzt zugestoßen ist) und durch Ernährung.

● **„Unser Körper" passiert uns.**

Ganz offensichtlich hat „das Ding, in dem wir stecken" herzlich wenig mit *uns* zu tun: Wir haben den Körper nicht gewählt oder gestaltet und können trotz ausgeklügelter Diät nicht einmal sein Gewicht dauerhaft korrigieren. Außerdem wird er gegen unseren Willen krank und stirbt sogar, ohne uns um Erlaubnis zu bitten.

Wenn wir ehrlich sind, müssen wir zugeben, dass der Körper immer nur das macht, was *er* gerade will. Er führt sein Eigenleben. Wieso wir bisher dachten, dieses biologische Gebilde sei „mein" Körper oder hätte irgendetwas mit „mir persönlich" zu tun, wissen wir eigentlich nicht so recht.

● **„Unsere Persönlichkeit" gehört anderen Leuten.**

Genau betrachtet, besteht „unsere individuelle Persönlichkeit" zum größten Teil ebenfalls aus dem genetischen Erbe unserer Vorfahren. Zusätzliche Eigenschaften erhielt dieses psychische Gebilde durch

Umwelteinflüsse (in welcher Kultur es lebt und was es bisher erfahren hat) und durch das Verhalten seiner Präge-Personen.

Von all dem, was hier als „mein Ich" in diesem eigenwilligen Körper zu stecken scheint, gehört uns selbst am allerwenigsten – vielleicht überhaupt nichts.

Wenn wir ein Mitwirkungsrecht gehabt hätten, dann hätten wir uns selbstverständlich eine andere Persönlichkeit ausgesucht oder zumindest einige Korrekturen vorgenommen. Weil wir jedoch zum Ich nichts Wesentliches beitragen konnten, dürfen wir ruhigen Gewissens zugeben, dass uns manches an ihm nicht gefällt.

Außerdem können wir, ohne schamhaft rot zu werden, gestehen, dass uns dieses Ich oft ziemlich fremd ist. Genau wie „unser" Körper führt auch „unser" Ich völlig unabhängig von uns sein Eigenleben: Es überwältigt uns mit Emotionen, die uns ängstigen oder peinlich sind, und treibt uns immer wieder zu Handlungen, die wir später bereuen. Und auf einen Teil der Gedanken, die zu „unserer" Persönlichkeit gehören, würden wir lieber heute als morgen verzichten.

Unbestreitbar ist, dass auf dieser Erde etwa acht Milliarden Menschen leben und dabei ziemlich viel Chaos anrichten. Selbstverständlich verfügt jeder dieser Menschen über körperliche und psychische Eigenarten, und selbstverständlich entwickelt sich das Leben des Einzelnen genau entsprechend dieser Eigenarten – aber warum glaubt fast jeder, außerdem auch noch ein Ich zu sein?

● **Unser Ich-Gefühl ist eines der seltsamsten Phänomene in diesem gesamten Universum.**

Das Gefühl, als ein Ich vorhanden zu sein, fehlt während des Tiefschlafs völlig. Auch während des Träumens fehlt das Ich, das im Bett liegt und träumt. Nur im Wachzustand ist es ständig vorhanden – oder etwa nicht?

Natürlich sprechen wir sehr viel über uns selbst, aber aufmerksames Beobachten lässt erkennen, dass wir uns selbst *tatsächlich fast nie bemerken*.

Wir sagen zwar, wir hätten dieses oder jenes getan, aber während des Tuns haben wir unser Vorhandensein überhaupt nicht gespürt, weil wir entweder auf das Tun konzentriert waren oder uns in Gedanken verloren hatten. In beiden Fällen war unser Ich-Gefühl abwesend.

Wir berichten zwar, dass wir uns für dieses oder jenes entschieden hätten, aber die meisten Entscheidungen entstehen spontan und unbewusst. Wenn wir tatsächlich einmal über zwei Alternativen nachdenken, dann fällt uns die Entscheidung irgendwann plötzlich ein. Unser Ich wird dafür überhaupt nicht gebraucht.

Wir erzählen zwar, wir hätten dieses oder jenes gedacht, aber während des Denkens hatten wir jeden Kontakt zu uns selbst verloren, und als wir versuchten, mit dem Denken aufzuhören oder an irgendetwas anderes zu denken, dann gelang uns das nicht. Ganz offensichtlich passiert uns das Denken, ohne dass unser Ich daran beteiligt ist.

Wir behaupten zwar, ständig Wahrnehmungen zu machen, aber sobald unsere Aufmerksamkeit auf ein Objekt gerichtet ist, bemerken wir nicht mehr, dass wir ebenfalls vorhanden sind und dieses Objekt beobachten. Das Ich fehlt schon wieder.

  ● **Weil die Funktionen von Denken, emotionalem Fühlen, intuitivem Begreifen, Sinneswahrnehmung und Handeln mit Hilfe dieses Körpers stattfinden, entsteht die Illusion eines persönlichen Ichs, das im Körper steckt und denkt, fühlt, begreift, wahrnimmt und handelt.**

10. Das mysteriöse Ich

- **Ein solches Ich ist nicht wirklich vorhanden –
  es ist nur eine gedankliche Konstruktion.**

Solange wir nicht gerade intensiven Schmerz spüren oder große
Angst haben, merken wir überhaupt nichts von unserem Ich. Aber
aufgepasst: Auch in diesen Situationen nehmen wir unser Ich nicht
wirklich wahr, sondern stattdessen den Schmerz oder die Angst.

- **Gelegentlich taucht jedoch im Tagesverlauf für
  einen kurzen Augenblick eine Bewusstseins-
  Sequenz auf, die uns an uns selbst erinnert –
  und anschließend verlieren wir uns wieder.**

Während dieser Sequenz von Selbst-Erfahrung sind wir hellwach,
nehmen unsere Anwesenheit deutlich wahr und sind uns vollkommen bewusst, bewusst zu sein. Wie in einem lichten Moment erkennen wir uns selbst – aber dabei fehlt jegliches persönliche Ich-
Empfinden: Obwohl dieses Selbst-Bewusstsein von großer Klarheit
ist, wissen wir in diesen Augenblicken *nicht*, ob wir ein Mann oder
eine Frau sind, welchen Beruf wir ausüben oder ob wir zur Zeit
arbeitslos sind. Wir haben auch *nicht* den geringsten Eindruck von
unseren körperlichen oder psychischen Eigenarten. Denn während
dieser Sequenz steht unser Denken still. All die Dinge, die zu unserem vermeintlichen Ich gehören, erscheinen erst wieder, wenn
wir erneut an das denken, was wir für unser Ich halten.

- **Selbst-Bewusstsein ist *keine* Sinneswahrnehmung.**

Sinneswahrnehmungen gehören zum Körper, während die Sequenz
von Selbst-Erfahrung *nichts* mit den körperlichen Sinnesorganen zu

tun hat, sondern körperloses und ichloses Empfinden von bewusstem Sein ist.

> **Im Gegensatz zu unserem erdachten und illusionären Ich-Bild, das sich ständig verändert, begleitet uns das gelegentliche, aber intensive Empfinden, vorhanden zu sein, unverändert durch unser ganzes Leben.**

Es ist *nicht* an unsere Psyche und *nicht* an unseren Körper gebunden: Wir spüren unser Vorhandensein unabhängig von unseren psychischen Eigenarten und Befindlichkeiten und unabhängig vom jeweiligen Zustand oder Alter unseres Körpers.

> **Unsere tatsächliche, allerdings sehr subtile und meist nur hintergründige Erfahrung von uns selbst ist ein konstantes und unveränderliches Gefühl der Anwesenheit, des bewussten Daseins.**

Diese Empfindung ist sehr still und überhaupt nicht aufregend. Wenn wir trotzdem beginnen, uns während der Übung im Sitzen oder im Verlauf des Alltags für jene wachen Augenblicke bewussten Seins zu interessieren, dann nehmen wir sie immer häufiger und für immer längere Zeit wahr. Dabei machen wir die Erfahrung, dass wir weder unser Körper noch unsere Persönlichkeit sind.

II.
Einblicke ins leere Nichts

Eines Tages bemerkte ich, dass ich schon lange keine Albträume mehr hatte und dass sich auf Spaziergängen schon lange nicht mehr Schwindel und marmorne Stille eingestellt hatten. Ich vertraute inzwischen darauf, mit diesen Geschehnissen auch in Zukunft bestens zurechtzukommen, doch sie stellten sich nicht mehr ein. Ich begann, sie zu vermissen, da sie mich in die wundervollen Zustände von Staunen, Frieden und Wonne geführt hatten.

Morgens machte ich nun regelmäßig einige Körperübungen: Schütteln, Rumpfbeugen, je eine Lockerungsübung für das Becken, die Wirbelsäule, die Schultern, den Nacken und den Unterkiefer. Danach joggte ich eine halbe Stunde lang. Anschließend setzte ich mich auf mein Kissen und wandte mich der Gedankenleere zu. Das Sitzen hielt ich jedoch kaum länger als 20 Minuten aus, also ging ich dann in meinen Tag. Während ich mich bewegte, war es leichter und angenehmer, nicht zu denken, und ich machte die Übung nahezu ununterbrochen, während ich meine Alltagsbeschäftigungen erledigte.

Aber sie vollzog sich nicht wieder von selbst und mit Leichtigkeit, sondern wie gewohnt nur mit einigem Bemühen, und außerdem wurde die Stille nicht mehr marmorn. Auch der Frieden und die unbeschreibliche Wonne stellten sich nicht wieder ein.

Obwohl ich nach zwei Jahren schrecklicher Zustände endlich frei und glücklich war, wünschte ich mir meine Panikattacken zurück, um an ihrem Ende erneut den köstlichen Frieden des Samadhi erleben zu können. Aber die Zeit der Panikattacken war vorbei.

Also nahm ich an einigen mehrtägigen Meditationsveranstaltungen teil, in deren Verlauf ich zwar stundenlang in Stille sitzen konnte, aber das war auch alles – Frieden und Glückseligkeit blieben unerreichbar.

„Ich gelange einfach nicht über mein Ich hinaus!", beklagte ich mich bei Roberta. „Wir Menschen scheinen auf drei Ebenen leben zu können. Die erste ist die Opfer-Ebene, auf der es für uns so aussieht, als geschehe uns das Leben unabhängig von uns selbst und als seien wir sein Opfer. Hier sind ausschließlich andere Menschen oder besondere Lebensumstände schuld an unserem Unglück. Unabhängig davon, ob wir resignieren oder kämpfen, sind wir insgeheim von unserer eigenen Machtlosigkeit überzeugt.

Dann erkennen wir aus irgendeinem Grund plötzlich den Zusammenhang zwischen unseren gedanklichen Vorstellungen und unserem Leben und werden fortan zu bewussten Gestaltern all unserer Erlebnisse. Wir manifestieren für uns selbst, was wir brauchen, um frei und glücklich zu sein, und erkennen, dass weder andere Menschen noch besondere Lebensumstände uns daran hindern können. Das ist die magische Ebene.

Wenn wir von der Opfer-Ebene auf die magische Ebene wechseln, wird unser Leben auf eine vorher unvorstellbare Weise reich und wundervoll. Aber irgendwann wird uns die magische Ebene langweilig, und wir bekommen eine Ahnung davon, dass es noch eine dritte Ebene gibt, die mit unserem Ich nicht das Geringste zu tun hat und die noch viel wundervoller ist als die magische. Ich will sie die absolute Ebene nennen.

Auf ihr geht es nicht mehr darum, uns von Menschen und Umständen zu trennen, die uns unfrei und unglücklich machen, und auch nicht darum, Menschen, Dinge und Umstände zu erschaffen, die uns frei und glücklich machen. Es geht um die Erfahrung, dass wir, völlig unabhängig von Menschen, Dingen und Umständen, *jederzeit frei und glücklich sind*, weil alle Menschen, alle Dinge und alle Umstände Teile unseres eigenen Wesens sind. Diese Ebene zeigt, dass jenes Ich, welches wir zu sein glauben, nur eine Kulisse aus Pappmaché ist, während unser wahres Wesen das gesamte Universum beinhaltet.

Ich spüre, dass ich nur noch wenige Zentimeter von der absoluten Ebene entfernt bin, aber irgendwie scheint es da eine Grenze zu geben, die ich noch nicht überschreiten kann. Und der Wächter dieser Grenze ist mein persönliches Ich."

„Die magische Ebene gefällt mir bestens", antwortete Roberta. „Ich habe nicht die geringste Sehnsucht danach, sie hinter mir zu lassen. Aber ich höre, dass du die Worte ‚noch nicht' gebrauchst und wundere mich. Wir beide waren uns immer darüber einig, dass es Zeit nicht wirklich gibt, dass Vorgänge nur so lange Zeit brauchen, wie wir an das Konzept von Zeit glauben. Wir beide haben jahrelang Objekte und Ereignisse von einem Tag auf den anderen kreiert. Wenn wir nicht davon überzeugt gewesen wären, dass sie sich auf unser Wort hin *sofort* manifestieren würden, hätte deren Entstehen Wochen, Monate oder Jahre in Anspruch genommen. Falls du also glaubst, es bräuchte Zeit, um die Grenze zur absoluten Ebene zu überschreiten, dann frage dich, warum *du* in diesem Fall Zeit brauchst – aber behaupte bitte nicht, dass *es* Zeit braucht, denn das entspricht, wie wir beide wissen, nicht der Realität."

Meine ehrliche Antwort war mir sofort bewusst.

„Es geht mir zu schnell", sagte ich, „deshalb brauche ich Zeit. Ich weiß, dass ich auf der absoluten Ebene mein Ich verlieren werde, und ich habe Angst davor, ohne mein persönliches Ich-Empfinden weiterzuleben."

„Gut zu wissen", sagte Roberta lächelnd. „Was mich angeht, so kannst du dir ruhig Zeit lassen, denn ich möchte noch lange nicht auf das Ich meines großen Bruders verzichten. Und was dich angeht, kannst du dich jetzt fragen, wie lange du dein Ich noch genießen möchtest, bevor du es gegen die Erkenntnis der absoluten Ebene eintauschen willst."

Zu Hause erinnerte ich mich an den Yogi, der trotz jahrelanger spiritueller Übung immer noch nicht erleuchtet war und deshalb an der Meditation zu zweifeln begann. Da fragte ihn sein Lehrer:

„Sohn, was wünscht du dir außer der Erleuchtung noch?"

„Nichts, Guruji", antwortete der Yogi. „Ich habe all meine Wünsche schon lange aufgegeben!"

„Das glaube ich nicht", entgegnete der Meister. „Such in dir den einen Wunsch, der außer dem Wunsch nach Erleuchtung noch übrig geblieben ist."

Am nächsten Tag ging der Yogi stark beunruhigt zu seinem Meister.

„Ich schäme mich sehr", sagte er, „denn ich habe tatsächlich einen Wunsch gefunden, den ich noch nicht aufgegeben habe, und es ist ein ganz und gar weltlicher."

„Was wünscht du dir, Sohn?", fragte der Meister.

„Ich kann es nicht verhindern, Guruji – ich möchte einmal in einem Schloss leben!"

Und vor Scham über diesen Wunsch schlug er die Augen nieder. Als er den Kopf nach einigen Minuten wieder hob, fand er sich auf einem kostbaren Thron in einem herrlichen Schloss sitzend, umringt von den lieblichsten Dienerinnen, den prächtigsten Dienern, und neben ihm saß seine wunderschöne Gemahlin. In all dem unschätzbaren Reichtum lebte und herrschte er viele Jahre lang, bis er müde und traurig wurde und etwas zu vermissen begann, wovon er nicht wusste, was es war. Eines Tages übertrug er seiner Gemahlin die Regentschaft, nahm Abschied von ihr und allem und ging in den Wald. Nach langer Wanderung sah er einen Weisen, der meditierend unter einem Baum saß, setzte sich ihm gegenüber und senkte demütig den Blick.

Als er den Kopf nach einigen Minuten wieder hob, fragte ihn der Weise:

„Hast du einen Wunsch?"

„Ja", sagte der ehemalige Schlossherr, „ich wünsche mir die Erleuchtung."

„Ist das dein einziger Wunsch?", fragte der Weise.

„Ja, das ist mein einziger Wunsch."

„Und du möchtest nicht vielleicht vorher noch in einem Schloss leben?"

„Nein, denn das habe ich bis jetzt getan. Nun will ich nur noch erleuchtet werden."

„Ich sehe, dass dies endlich dein einziger Wunsch ist, und ich will ihn dir erfüllen wie alle vorherigen auch, Sohn!"

Ich wusste, dass es in uns Menschen einige Wünsche gibt, die erst erfüllt werden *müssen*, bevor wir uns von ihnen lösen können, und dass es sinnlos ist, diese Wünsche zu verleugnen, bevor sie Realität geworden sind. Denn im unerfüllten Zustand fesseln sie uns viel stärker, machen sie uns viel unfreier als im erfüllten. Also zog ich wieder einmal Lebensbilanz, prüfte die wichtigsten Bereiche meines Daseins und auch die unwichtigen. Wie bereit war mein Ich, zu sterben, im Absoluten aufzugehen, zu verschwinden? Welche unerfüllten Wünsche hinderten es noch daran?

Ich hatte einen Roman geschrieben, der nicht veröffentlicht war, aber ich merkte, dass ich auf die Veröffentlichung verzichten konnte, denn das Schreiben an sich hatte mir Spaß gemacht. Ich schrieb an einer Fortsetzung, aber damit konnte ich jederzeit aufhören. Ich wohnte sehr schön in einem Vorort von München, hätte die Wohnung aber ohne Probleme aufgeben können. Ich liebte Roberta, aber diese Zuneigung war derart erfüllt, dass ich mich auch von ihr verabschieden konnte, wenn dies erforderlich sein würde. Und ich hatte im Laufe meines Lebens so viel und großartigen Sex gehabt, dass kein einziger diesbezüglicher Wunsch unerfüllt geblieben wäre. Auch auf eine Fortsetzung dieser aufregenden Erlebnisse konnte ich gegebenenfalls verzichten.

Was war mir überhaupt noch wichtig?

Was wollte mein Ich unbedingt noch erleben?

Seltsamerweise war der erste Wunsch, der mir bewusst wurde, derjenige, noch einmal zu arbeiten. Ich wollte mein Herz und meinen Verstand Menschen zur Verfügung stellen, denen es nicht so gut ging wie mir. Da ich kein Bedürfnis hatte, meine Praxis erneut zu öffnen, entschloss ich mich, ehrenamtlich zu arbeiten und mir einen entsprechenden Platz zu suchen.

Der zweite Wunsch war für mich nicht weniger überraschend, denn tatsächlich sehnte ich mich danach, noch einmal eine große Liebe erleben zu dürfen. Ich wollte an der Seite einer reifen spirituellen und unproblematischen Frau leben, der Aufregung nicht mehr allzu wichtig war, um sich lebendig zu fühlen, und die am Geheimnis des Lebens ähnlich interessiert war wie ich oder es vielleicht sogar bereits entschlüsselt hatte.

Beide Wünsche trug ich Swamiji vor, wohl wissend, dass sie die beiden einzigen mir bewussten Hindernisse darstellten, die mich noch von der Ebene der absoluten Realität trennten.

„Entscheide du bitte beides", bat ich ihn. „Ich werde mich einen Tag lang um einen ehrenamtlichen Arbeitsplatz kümmern, und du gibst mir entweder einen oder nicht. Wenn nicht, werde ich den Wunsch sofort aufgeben. Um eine Frau werde ich mich überhaupt nicht kümmern. Entweder du schickst mir eine, falls dieser Wunsch noch erfüllt werden muss, oder du schickst mir keine. Dann gehe ich davon aus, dass ich diesen Wunsch getrost streichen kann. Beides ist mir recht. Aber was immer du jetzt tust, vergiss nicht, dass ich eines unbedingt und auf jeden Fall will: Ich will erkennen, wer ich wirklich bin!"

Am nächsten Tag telefonierte ich mit den karitativen Einrichtungen in meiner näheren Umgebung und erhielt einen Vorstellungstermin in einer Tagesstätte für psychisch Kranke. Der Zustand einiger Patienten dort versetzte mich in tiefen Schrecken. Hoffnungslosigkeit in diesem Ausmaß war ich trotz meiner Arbeit mit Krebskranken und Sterbenden nicht gewohnt.

II. Einblicke ins leere Nichts

Eine Nacht lang überlegte ich, dann entschloss ich mich, anderthalb Tage pro Woche in der Tagesstätte zu verbringen. Ausschlaggebend dafür war die Einsicht, dass es sich um einen Ort handelte, an dem mein fachliches Wissen und Können nicht gefragt waren, wohl aber meine Fähigkeit, bedingungslos zuzuhören. Ohne die Vorstellung, dort irgendetwas verändern zu können, hatte ich die Möglichkeit, erneut Liebe und Demut zu lernen.

Wenige Tage später stöberte ich wieder einmal durch einen Buchladen und blieb plötzlich stehen. In einem Stapel von mindestens zehn Exemplaren lag Swamijis Buch. Es war neu aufgelegt worden.

16 Jahre nach der ersten Lektüre las ich es nun zum zweiten Mal. Dabei stieß ich auf Erklärungen, die ich damals übersehen hatte. Die wichtigste von allen war, dass dieses Leben nur ein Traum ist und der Mensch mit unserem Namen nur ein geträumtes Detail dieses Traumes unter all den anderen geträumten Details. Sie existieren allesamt nur während des Traumes und sind in Wirklichkeit überhaupt nicht vorhanden.

Nachts träumen wir außer vielen anderen Objekten oft auch eine Person, die wir für uns selbst halten und die als Ich im Traum viele unterschiedliche Erlebnisse hat. Dieses *geträumte* Ich macht während des Traumes in einer Art Wachzustand Erfahrungen – zeitgleich liegt das Ich des Träumers im Bett und träumt.

Solange der Traum anhält, haben wir das Gefühl, dass ich es bin, der die entsprechenden Erfahrungen macht, obwohl ich ja eigentlich im Bett liege und träume und von den Ereignissen im Traum nicht im Geringsten betroffen bin. Kaum bin ich erwacht, lache ich über das Traumgeschehen, das sofort als nicht real, als Illusion erkannt wird.

Genauso verhält es sich in unserem Wachzustand: Wie im nächtlichen Traum fühlt sich das Ich im alltäglichen Leben entweder als Opfer oder als Gestalter der Ereignisse, die es betreffen. Und trotzdem ist dieses Ich nur eine Illusion, ein geträumtes, in Wirklichkeit überhaupt nicht existierendes Objekt – wie alle anderen Details des Alltags, der Welt und des gesamten Universums auch. Wenn aber das Ich, das mit meinem Namen durch die Welt läuft, nur geträumt wird, dann hat es nicht die geringste Chance zu erwachen – weil es überhaupt nicht existiert!

Ich brauchte mich also nicht zu wundern, warum ich mit nunmehr 48 Jahren immer noch nicht aus meinem Lebenstraum aufgewacht war. Aber ich fragte mich, was ich tun könnte, um wenigstens den Traum als Traum zu erkennen.

Obwohl in Körper und Psyche kein persönliches Ich existiert, entfaltet sich das Leben des Einzelnen in vollkommener Übereinstimmung mit seinen körperlichen und psychischen Eigenarten. Eine dieser Eigenarten kann in dem Wunsch bestehen, das Traumgeschehen unseres alltäglichen Lebens von jeglicher Faszination zu befreien, indem wir nur noch mit wachsamem Desinteresse auf all das, was geschieht, reagieren. Übrig bleibt dann das Empfinden, bewusst zu sein, anwesend zu sein, wach zu sein. In dieser bewussten Wachheit kann kein Traum bestehen. Er verschwindet, und mit ihm verschwinden alle Details, die bisher geträumt wurden – auch jenes vermeintliche Ich, das unbedingt erwachen, unbedingt Erleuchtung wollte. Nun existiert nur noch Wachheit, bewusstes Sein.

Einige Wochen später setzte ich mich morgens aufgrund einer Knieverletzung nicht wie gewohnt auf mein Kissen, sondern in einen bequemen Stuhl. Ich bat Swamiji, mich über mein Ich hinauszuführen, konzentrierte mich auf die Gedankenleere, und als sie sich einigermaßen stabilisiert hatte, entspannte ich mich und glitt in den Zustand wacher Aufmerksamkeit. In ihm tauchten seltener als sonst Einzel-Gedanken, Kurzträume und andere Objekte auf, die ich alle mit dem gewohnten wachsamen Desinteresse wahrnahm.

Ich registrierte, dass mein Körpergefühl zu schwinden begann, entzog dem Vorgang mein Interesse, und nach wenigen Minuten fühlte ich meinen Körper nicht mehr. Geblieben war lediglich die Empfindung von großer nichtkörperlicher Weite, in der sehr sanft Energien schwangen. Auch auf diese Phänomene reagierte ich nur mit wachsamem Desinteresse: Ich beschäftigte mich nicht mit ihnen, wandte mich von ihnen ab und achtete darauf, weiterhin wach und bewusst zu sein. Die gedankenleere Stille hatte sich währenddessen zeitlich ausgedehnt. Seit vielen Minuten waren weder fragile Einzel-Gedanken noch Kurzträume aufgetaucht. Ich war vollkommen wach, bewusst, vorhanden.

Dann bemerkte ich den Impuls, die Augen zu öffnen, und tat dies auch. Ich sah auf die Uhr. Es waren anderthalb Stunden vergangen. Ich konnte das nicht glauben und es mir auch nicht erklären. Was war geschehen? Sicher war nur, dass ich inzwischen nicht eingenickt oder im Samadhi verschwunden war – ich war ununterbrochen wach und völlig bei der Sache gewesen! Wo war die Zeit geblieben?

Am nächsten Morgen wiederholte sich dasselbe, und ich konnte nicht umhin, festzustellen, dass die Übung keinerlei Anstrengung mehr erforderte. Also beschloss ich, morgens regelmäßig eine Stunde lang in dem Stuhl zu sitzen. Um rechtzeitig in meinen Tag zu kommen, stellte ich mir von nun an einen Wecker, denn stets verschwand die Zeit gemeinsam mit mir in einem großen leeren Nichts, obwohl ich mir ununterbrochen meiner wachen Anwesenheit bewusst war. Das erschien mir jedes Mal nach der Übung paradox und äußerst seltsam; ich staunte immer wieder darüber.

Zu meiner allergrößten Überraschung empfand ich oft noch Stunden nach der Übung den ersehnten Frieden, die ersehnte Glückseligkeit, die ich so lange vermisst hatte.

Da das Sitzen nicht mehr anstrengend war, entschloss ich mich, nun morgens, mittags und abends für jeweils eine Stunde auf dem

Stuhl zu bleiben, den ich mit einem Polster noch bequemer gemacht hatte.

Ich war neuerlich begeistert und davon überzeugt, jetzt in der
Lage zu sein, durch die Übung hinter das Geheimnis des Lebens zu
kommen, die Realität zu erkennen und die Wahrheit über mich
selbst herauszufinden.

Bei nahezu jeder Tätigkeit achtete ich im Alltag auf die Gedankenleere. Dabei machte ich die Erfahrung, dass ich weder verrückt
noch lebensuntüchtig wurde; im Gegenteil! Alle Wahrnehmungen
fanden weiterhin statt. Allerdings waren sie viel schärfer als zu der
Zeit, da ich mich auch noch gedanklich mit ihnen auseinander-
gesetzt hatte. Und all meine Handlungen, die nun nicht länger
irgendwelchen vermeintlich logischen Überlegungen entsprangen,
waren der jeweiligen Situation völlig angemessen, spontan und
äußerst kreativ, im höchsten Maß effektiv und erfolgreich. Zudem
fühlte ich mich erheblich energiegeladener als früher und erkannte, wie viel Lebenskraft das überflüssige Denken bindet.

Im April fuhr ich zu einem einwöchigen Sesshin in ein nahe gele-
genes Zen-Kloster. Am Rande des Geländes entdeckte ich eine kleine, leer stehende Holzhütte. Der abgeschiedene Ort und die umgebende unberührte Natur gefielen mir. Da ich den Zen-Lehrer
ausgesprochen sympathisch fand, überlegte ich, ob ich mich hier
für einige Wochen oder Monate zurückziehen wollte, um ohne jede
Ablenkung von morgens bis abends wachsam im gedankenleeren
Selbst-Bewusstsein zu sitzen.

Noch einmal zog ich Bilanz, und mir wurde klar, dass es in
meinem Leben endlich nichts Wichtiges mehr zu tun gab. Die
Arbeit in der Tagesstätte hatte sich als eines der größten Geschenke meines gesamten Berufsweges erwiesen, und ich war glücklich
und dankbar darüber, konnte sie aber trotzdem jederzeit beenden.
Außer der Erleuchtung hatte ich in den zurückliegenden Jahren

beruflich und privat alles erreicht und erlebt, was ich jemals errei- chen oder erleben wollte. Neues hätte nur eine Wiederholung des Alten mit anderen Nuancen sein können. Tatsächlich war ich nun endlich so weit, auf *alles* verzichten zu können – für eine gewisse Zeit oder für immer. Ich wollte nur noch erwachen und war bereit, dafür als persönliches Ich zu verschwinden.

Natürlich haben wir Menschen häufig den Eindruck, in der Zukunft noch irgendetwas Wichtiges oder Aufregendes tun oder erleben zu müssen. Aber in Wirklichkeit sind all diese Dinge nur wichtig, weil wir ihnen Wichtigkeit verleihen. Ohne unsere Bewer- tung sind sie lediglich latente Möglichkeiten und keinesfalls wich- tig oder aufregend. Das können wir schon daran erkennen, dass unsere Mitmenschen ganz andere Dinge für wichtig und aufregend halten. Wichtig werden Dinge erst, weil *wir* ihnen eine Wichtigkeit verleihen, die dann unser persönliches Ich-Gefühl stärkt.

Ich wusste, dass diese scheinbaren Wichtigkeiten und all unse- re Aufregungen nicht von Bestand sein können, nicht den Sinn des Lebens ausmachen können und eines Tages ohnehin in sich zusam- menfallen und ihren illusionären Charakter offenbaren werden.

Viele Todkranke und Sterbende hatten mich verzweifelt gefragt: „Was bleibt jetzt noch von mir und meinem Leben übrig? Alles, was mir jemals wichtig erschien und wofür ich gelebt und ge- kämpft habe, ist mir inzwischen genommen worden, und übrig bleibt nur dieser kranke Körper, und auch der wird mir zuletzt noch genommen. Wozu habe ich all diese Dinge getan, die ich ge- tan habe? Was ist der Sinn von all dem gewesen?"

Wir sind ohne all diese Dinge geboren worden, und ganz gewiss werden wir alles hier zurücklassen müssen. Während des Sterbens wird sich uns die völlige Bedeutungslosigkeit dieser Dinge zeigen – wenn wir begreifen, dass wir sie nicht länger behalten können. Dann wird sich das große leere Nichts vor unseren Augen öffnen, das dieses Ich immer gewesen ist.

Ich war bereit, schon zu Lebzeiten alles hinter mir zu lassen und dem Nichts ins Auge zu sehen, das ich bin, und in ihm vielleicht das Große Mysterium zu erblicken. Da in der Hütte kaum Ablenkungen zu erwarten waren und die Übung sowieso wie von selbst vor sich ging, hoffte ich, in dieser Einsiedelei täglich sechs bis acht Stunden in stiller Wachheit sitzen zu können. Also erklärte ich mich Aiolan, dem Zen-Lehrer, und fragte ihn, ob ich die Hütte für eine unbestimmte Zeit mieten könnte.

Er schmunzelte und sagte:

„Es sieht so aus, als wärest du jetzt reif für den Durchbruch. Die Hütte steht zu deiner Verfügung."

12.
Popcorn

Wenn wir Maiskörner in einem Topf erhitzen, quellen sie auf, drücken den Deckel nach oben und poppen schließlich knisternd und knatternd über den Rand nach außen. Jetzt ist aus den ungenießbar harten Körnern wohlschmeckendes Popcorn geworden. Ähnliches erleben wir als Folge unserer Übung: Die Gedankenleere des bewussten Seins ermöglicht es den unfertigen oder ausgebildeten Kernen unserer Persönlichkeit, in Erscheinung zu treten, sich zu zeigen.

Dies ist ein Reinigungsprozess, der uns oft belanglos und hin und wieder auch dramatisch erscheinen mag. Tröstlich ist die Erfahrung, dass unsere dunklen, unbewussten Seiten heil werden, leicht und licht, wenn wir ihrem Auftauchen keinen Widerstand entgegensetzen, sondern sie lediglich mit wachsamem Desinteresse bewusst zur Kenntnis nehmen und ansonsten nichts mit ihnen machen. Dann werden wir frei von ihnen.

- **Popcorn ist all das, was wir während der Übung als Störung in unserem Körper oder unserer Psyche empfinden.**

- **Popcorn erscheint von selbst und löst sich von selbst vollständig auf, wenn es mit wachsamem Desinteresse bewusst zur Kenntnis genommen wird.**

Wachsames Desinteresse am Popcorn bezeugen wir dadurch, dass wir es wahrnehmen, innerlich als „Popcorn!" benennen und danach sofort wieder zur Übung zurückkehren. Wir lassen uns nicht zu irgendwelchen Handlungen verleiten.

Popcorn kann einen leichten oder einen intensiven Charakter haben. Leichtes Popcorn stört uns nicht sonderlich, und wir können uns, nachdem wir es benannt haben, mühelos von ihm abwenden und die Übung fortsetzen.

Falls dieselbe Störung immer und immer wieder auftaucht und den Fortgang der Übung behindert, dann handelt es sich um intensives Popcorn. Je mehr wir versuchen, es zu ignorieren oder zu bekämpfen, desto intensiver wird es. Deshalb geben wir unsere Übung freiwillig auf, bleiben sitzen und richten unsere gesamte Konzentration auf dieses Popcorn. Genau die augenblickliche Störung machen wir entschlossen zum Objekt unserer Konzentration.

Wenn uns also ein Thema nicht mehr loslässt, dann beobachten wir *konzentriert* die Gedanken, die uns derart beschäftigen. Und wenn uns ständig die Nase juckt, richten wir unsere gesamte Aufmerksamkeit auf das Jucken.

● Während wir intensives Popcorn konzentriert beobachten, entspannen wir unseren Körper, sobald wir bemerken, dass er sich verkrampft hat.

Dabei machen wir die Erfahrung, dass wir auch äußerst unangenehme Phänomene durchaus ertragen können, ohne auf sie reagieren zu müssen. Und wir erleben, dass jedes Popcorn nach kurzer Zeit von selbst wieder verschwindet, und daraufhin eine tiefe und oft köstliche Ruhe einkehrt.

Diese beiden Erfahrungen sind von großer Wichtigkeit für uns, denn sie schenken uns die Fähigkeit, zum bewussten Meister aller unangenehmen Situationen zu werden, mit denen uns das Leben fortan konfrontiert. Wir erkennen immer deutlicher, dass wir Unangenehmes weder verdrängen noch bekämpfen müssen, sondern bewusst wahrnehmen können. Es verwandelt sich dann von selbst in einen angenehmen Zustand.

- **Jedes intensive Popcorn-Geschehen, das wir konzentriert beobachten, endet entweder in tiefer Ruhe und wohligem Frieden oder im Samadhi – falls wir die Übung nicht vorher abbrechen.**

Zu den körperlichen Popcorn-Phänomenen, die unweigerlich auftreten werden, gehören neben dem Jucken auch Gähnen, Niesen, Husten, Rülpsen und Furzen, aber auch Schmerzen jeder Art, Empfindungen von Hitze, Kälte oder sexueller Lust, Schwindel, Übelkeit, Schwitzen und Irritationen des Blutkreislaufs. Dies alles sind lediglich Folgeerscheinungen der Übung und nicht etwa Anzeichen von Krankheit.

Popcorn ist nichts anderes als die psychosomatische Erinnerung an ein Ereignis aus unserer Vergangenheit, das wir nicht bewusst erleben wollten. Deshalb haben wir damals, während es geschah, an etwas anderes gedacht und gleichzeitig unseren Körper verkrampft. Diese vermiedene Erfahrung blockierte bisher einen Teil unserer Lebensenergie. Jetzt kann sie sich im Licht unseres Bewusst-Seins vollständig auflösen, wenn wir den Mut haben, dem Vorgang bis zu seinem Ende standzuhalten.

Es ist absolut überflüssig und außerdem störend, über Popcorn-Phänomene nachzudenken oder ihnen irgendeine Bedeutung zu verleihen. Wir wollen den alten Schatten so schnell wie möglich loswerden, und das funktioniert nur, wenn wir intensives Popcorn mit gedankenleerer Bewusstheit so lange konzentriert wahrnehmen, bis es von selbst wieder verschwindet. Und danach verlieren wir schon überhaupt keinen Gedanken mehr daran. Es ist passiert, es hat sich in Ruhe, Frieden oder Samadhi aufgelöst – vergessen wir es!

Auch seltsame Energie-Phänomene sind nichts anderes als Popcorn. Es handelt sich um nichtkörperliche Empfindungen, die wir in uns oder um uns herum wahrnehmen. Sie sind kein Grund zu freudiger oder ängstlicher Beunruhigung – wir kehren zu unserer Übung zurück oder machen, wenn dies nicht gelingt, das energetische Geschehen zum Objekt unserer Konzentration.

Bei den psychischen Symptomen von Popcorn handelt es sich um positive Gefühle (wie Geborgenheit, Freude, Mitgefühl, Begeisterung usw.) oder um negative Gefühle (wie Langeweile, Unruhe, Angst, Trauer, Wut, Gier, Neid, Eifersucht, Zweifel an der Übung oder an unserer persönlichen Lebensgestaltung usw.). Ganz gleich, wie angenehm oder unangenehm das ist, was auftaucht, wir begrüßen es mit „Popcorn!" und wenden uns wieder der Übung zu. Oder wir machen die Emotion, falls sie intensiv ist, zum Objekt unserer Konzentration.

Wichtig ist, dass wir das Geschehen als Reinigungsprozess verstehen und die Chance erkennen, diese alten Erinnerungen bewusst wahrzunehmen und dadurch zu heilen.

Eine weitere Art von Popcorn sind Eingebungen und Visionen. Sie können sehr eindrucksvoll sein und uns mit Begeisterung oder Furcht erfüllen. Aber wie jede andere Art von Popcorn sind auch sie nur *scheinbar* bedeutungsvoll, und wir brauchen uns nicht gedanklich mit ihnen zu beschäftigen.

Als Nebenprodukt unserer Übung entwickeln sich manchmal paranormale Fähigkeiten, die uns dann plötzlich zur Verfügung stehen. Entsprechend unserer Veranlagung werden wir diese Zauberkräfte entweder ignorieren oder nutzen. Solange sie nicht dafür eingesetzt werden, anderen Wesen Schaden zuzufügen, schaden sie auch dem Zauberlehrling nicht. Außerdem ermöglicht uns ihre Anwendung, das wahre Wesen dieser scheinbar festgefügten Welt zu erkennen und die Illusionen unseres bisherigen Selbstbildes zu durchschauen.

Das gedankenleere Bewusst-Sein setzt all die Lebensenergie in unserem Körper frei, die vorher an unser pausenloses Denken gebunden war. Diese freigesetzte Energie überflutet nun unser System, und das kann zu körperlichen und psychischen Popcorn-Phänomenen führen, unter denen wir eventuell auch für eine gewisse Zeit im Alltag leiden. Wichtig ist, uns daran zu erinnern, dass wir nicht krank sind, sondern einen Heilungsprozess erleben. Wir hüten uns davor, weitere Erklärungen für das Geschehen zu suchen oder in ängstliches Grübeln zu verfallen. In seltenen Fällen ist es angebracht, einen Arzt oder Psychologen zu Rate zu ziehen.

Alle Erwachten aller Kulturen gingen durch diese Phase körperlicher und psychischer Beschwerden, die oft als Läuterungsprozess verstanden wurde und tatsächlich eine Transformation auf der körperlichen und psychischen Ebene darstellt. Sobald uns das ebenfalls passiert, befinden wir uns also in bester Gesellschaft. Wenn wir uns nicht gegen das Geschehen wehren, sondern uns ihm hingeben, beugen, ausliefern, wird es nicht allzu schlimm werden und bald vorübergehen.

Wir können Körper und Psyche unterstützen, indem wir unser Leben vereinfachen, ausreichend schlafen und genügend ruhen, auf sinnvolle Ernährung achten und viel Wasser trinken, durch die Natur wandern und einmal täglich ins Schwitzen geraten, Lockerungsübungen machen und so freundlich wie möglich zu uns selbst sind.

Während der Zeit intensiven Popcorns ist es möglich, dass wir in Verhaltensweisen oder Gewohnheiten zurückfallen, von denen wir gehofft hatten, sie überwunden oder zumindest einigermaßen unter Kontrolle gebracht zu haben. Nun scheinen sie zwanghaft zu werden und unsere geplante Lebensgestaltung durcheinanderzubringen. Es handelt sich hierbei nicht um Misslingen oder persönliches Versagen, sondern um einen Reinigungsprozess, dem wir uns nicht mehr zu entziehen vermögen. Wenn wir versuchen, ihm zu widerstehen, werden wir sehr darunter leiden, denn er ist in jedem Fall stärker als unser Widerstand.

In dem Wissen, dass es sich nur um Popcorn handelt, können wir geschehen lassen, was sowieso geschieht. Unsere eigene Machtlosigkeit wird uns vor Augen geführt und will bewusst akzeptiert werden.

Spätestens jetzt erkennen wir, dass es darum geht, unseren Eigenwillen aufzugeben und unser fragwürdiges Vertrauen in unsere eigene persönliche Intelligenz, mit der wir bislang glaubten, unser Leben meistern zu können. Alles, woran wir uns zu klammern versuchen, wird uns mit Gewalt entrissen. Wir verstehen, dass nur unser freiwilliges Loslassen uns noch retten kann.

Denn sobald wir einmal mit der absoluten Ebene in Kontakt gekommen sind, erkennen wir, dass eine höhere Intelligenz die Führung über uns und unser Leben hat. Diese Intelligenz bittet nicht, fragt nicht und zögert nicht. Sie nimmt uns einfach mit sich fort wie ein reißender Strom, und während wir den Boden unter den Füßen verlieren, wird unser erdachtes Selbstbild, unser illusionäres Ich weggespült.

Alles, was geschieht, schenkt uns die kostbare Gelegenheit, bewusst zu sein.

13.
Der Mond im Teich

An einem sonnigen Freitagnachmittag Ende Mai zog ich in die Hütte ein. Ich hatte meinen Schlafsack, ein Kopfkissen, mein Sitzpolster und etwas Kleidung mitgenommen; außerdem das Buch von Swamiji, meine Gitarre, mein Tagebuch, ein Trinkglas, eine Essschale, Besteck, eine Packung Müsli und eine Dose Traubenzucker.

Die Hütte lag ein gutes Stück abseits des Zen-Klosters am Rand des weitläufigen Grundstücks. Seitlich anschließend begann der große dunkle Wald. Vor der Hütte fiel das Gelände in sanften Wellen und Terrassen über etwa hundert Meter grasbewachsen zum Fluss ab. Das leise Rauschen des Wassers war immerfort zu hören. Auf zwei der Terrassen waren Seerosenteiche angelegt; einen davon konnte ich sehen, wenn ich aus der Hüttentür trat. Das jenseitige Flussufer stieg steil an und war mit alten hohen Bäumen bewachsen. Darüber erstreckte sich der wolkenlose Himmel, in dem Bussarde mit weit ausgebreiteten Schwingen ihre beharrlichen Kreise zogen.

In der Hütte standen ein grob gezimmertes Bett, ein Kleiderschrank und ein Tischchen. Ich stellte einen Gartenstuhl mit Armlehnen und hoher Rückenlehne dazu, auf den ich das Polster legte. Der Raum umfasste etwa drei mal drei Meter. Ich konnte aufrecht in ihm stehen; die Bewegungsfreiheit war jedoch ziemlich eingeschränkt. Eine schmale Tür neben dem Bett führte in ein winziges Bad mit Dusche und WC. Daneben befanden sich hinter einem Vorhang die Spüle, ein Kühlschrank und eine Kochplatte.

Meine wenigen Habseligkeiten waren schnell verstaut, und ich trug den Stuhl nach draußen unter das Vordach der Hütte auf die hölzerne Terrasse. Von dort konnte ich über die abfallende Wiese zum Fluss schauen, der silbern durch die Büsche am diesseitigen Ufer hindurchblitzte.

Ich hatte in einem guten Sinn mit meinem Leben abgeschlossen. Es lag hinter mir, und ich wollte nicht mehr zurück. Es war reich und voll gewesen, und in den 17 Jahren, die seit Inzell vergangen waren, war es überaus wohlwollend und großzügig mit mir umgegangen. Ich wusste, wenn es jetzt an der Zeit wäre zu sterben, würde ich dankbar gehen können – ohne auf irgendeine weltliche Erfahrung verzichtet zu haben, die mir wichtig gewesen wäre.

Ich war absolut in Frieden mit mir und meinem Leben und bereit, es nun hinter mir zu lassen, den Schritt hinüber zu wagen in die einzige Erfahrung, nach der ich mich noch sehnte und die ich als Erleuchtung bezeichnete.

Ich brannte innerlich zugleich schmerzhaft und sehnsüchtig darauf, die Mauer meines scheinbaren Ichs endlich zu durchbrechen. Ich wollte den grenzenlosen Raum jenseits meiner selbst betreten, mich in die Einheit mit allem auflösen, wollte verschwinden und zu allem werden. Ich war bereit, den Preis dafür zu zahlen. Er erschien mir gering: Es würde nur mich selbst kosten. Da ich mich selbst nun lange genug gehabt hatte, war ich bereit, in Zukunft auf mich zu verzichten.

Dem Zen-Lehrer hatte ich von diesem letzten Wunsch berichtet, der in mir loderte, und ihn gefragt, ob er diesen Schritt bereits vollzogen hätte. Aiolan hatte die Frage bejaht und sich bereit erklärt, mich bei diesem Prozess zu unterstützen.

Um dem Leben zu beweisen, dass ich es ernst meinte mit der Aufgabe meines Ichs, hatte ich beschlossen, auf das Rauchen zu verzichten. Denn diese Angewohnheit war ein Aspekt meiner Persönlichkeit, der sich seit fast 40 Jahren hartnäckig gehalten hatte. Außerdem wollte ich täglich anfangs sechs Stunden sitzen, nach einer Woche acht Stunden und anschließend von Woche zu Woche eine Stunde mehr.

Aiolan hatte mich eingeladen, an dem Wochenend-Sesshin teilzunehmen, das von Freitagabend bis Sonntagabend stattfand. Obwohl ich generell allein und in meiner Hütte sitzen wollte, nahm ich das Angebot gerne an, denn so konnte ich gleich zu Anfang in einen streng geregelten Sitzrhythmus kommen.

Am Donnerstag hatte ich zu fasten begonnen und war in der Sauna gewesen, um meinen Körper zu reinigen und vorzubereiten. Nun trug ich meinen gepolsterten Stuhl ins Zendo und suchte mir einen Platz zwischen den Sitzkissen der anderen Schüler. Es war mir gleichgültig, was sie über mich und meine unorthodoxe Sitzweise dachten. Überhaupt war mir alles ziemlich egal – mich würde es ohnehin nicht mehr lange geben. Was bedeutete es also, wenn man in der noch verbleibenden Zeit über mich lächelte?

Wir saßen an diesem ersten Abend von acht bis neun Uhr. Bevor wir danach auseinandergingen, sagte Aiolan:

„Gedanken und Gefühle verändern sich schnell. Auch auf Wünsche und Ängste ist kein Verlass. Deshalb sei ganz wach, denn wirklich wichtig sind nur Leben und Sterben!"

Innerlich aufgerüttelt und hoch motiviert begab ich mich mit dem Stuhl in meine Hütte und saß zwei weitere Stunden in wacher Aufmerksamkeit. Danach ging ich über den Kiesweg, der von der Hütte zum Seerosenteich führte, und stand dort gedankenleer auf einem großen, hohen Stein am Ufer.

Fasziniert betrachtete ich die Wasseroberfläche, die den Vollmond widerspiegelte. Ich sah eine blassgelbe flache Scheibe von etwa zehn Zentimetern Durchmesser und wunderte mich sehr. Denn dieses Abbild des Mondes auf der Oberfläche des Teiches vermittelte nicht im Geringsten die Wahrheit über den tatsächlichen Mond.

Ein schockierendes Ahnen ergriff mich: Wenn wir über uns selbst nachdenken, dann zeigt uns unser Verstand ebenfalls ein kleines zweidimensionales Ich-Abbild, das unserem wahren Wesen nicht im Geringsten entspricht. Warum sind wir davon überzeugt, dieses Minimal-Ich zu sein, das von Gedanken und Gefühlen gebeutelt und von Wünschen und Ängsten getrieben wird? Wie ist es nur möglich, dass der Verstand unsere wahren Dimensionen derart verhüllen kann?

Ich kehrte in die Hütte zurück und schlief unruhig. Nach etwa zwei Stunden erwachte ich, weil mir kalt war. Ich wickelte mich enger in meinen Schlafsack und versuchte, wieder einzuschlafen. Aber mir wurde noch kälter, und große innere Unruhe breitete sich in mir aus. Ein paar Mal wälzte ich mich hin und her, legte schließlich mein Kopfkissen an der Wand hoch, streckte mich entschlossen auf dem Rücken aus, stellte die Gedankenleere her und beobachtete konzentriert das körperliche Popcorn-Geschehen.

Mich fror jämmerlich. Immer wieder döste ich vor Kälte und Erschöpfung ein, griff dann aber unwillkürlich wieder nach meinem Bewusstsein und richtete es auf meinen Körper. Um fünf Uhr klingelte der Wecker, und das empfand ich als Erlösung. Mir war immer noch bitterkalt.

Ich putzte mir die Zähne, machte meine Körperübungen, duschte heiß, trank ein paar Schlucke heißes Wasser mit etwas Traubenzucker und begab mich ins Zendo. Dort saßen wir dreimal jeweils 25 Minuten lang, unterbrochen von 5 Minuten langsamen Gehens im Kreis um die Sitzplätze herum. Ich hatte mich in eine Wolldecke eingehüllt; mich fror weiterhin, und ich wurde zusehends müder. Während die anderen frühstückten, schlief ich vollkommen erschöpft 45 Minuten in meiner Hütte. Beim Aufwachen war mir immer noch kalt.

Zu der Mietvereinbarung zwischen Aiolan und mir gehörte, dass ich täglich zwei Stunden im Garten arbeitete, und er hatte mir aufgetragen, den Kiesweg von Unkraut zu säubern. Ich suchte mir im Schuppen Arbeitshandschuhe, einen Eimer und geeignetes Gerät und fragte mich dann, wie ich an die Aufgabe herangehen sollte.

Wenn ich wirklich gründlich arbeiten, jeden einzelnen Grashalm entfernen würde, könnte ich nur schrittweise vorankommen und würde viele Tage brauchen, bis der Weg zwischen Hütte und Teich gesäubert wäre. Einerseits wusste ich vom Zen, dass es darum ging, stets das Bestmögliche zu tun. Andererseits wusste ich nicht, ob es Aiolan vielleicht darum ging, dass der Weg möglichst schnell einen gepflegten Anblick bot. Ich entschloss mich, gründlich zu arbeiten, und war nach einer Stunde nur wenige Zentimeter vorangekommen.

Ich ließ alles stehen und liegen, als der Gong zum Sitzen rief, und begab mich ins Zendo. Wir saßen auf die übliche Weise drei Stunden lang jeweils für 25 Minuten, an die sich das fünfminütige Kreisgehen anschloss.

In der kurzen Mittagspause schlief ich total erschöpft und machte mich anschließend wieder ans Unkrautjäten. Diesmal bearbeitete ich auf Kosten der Gründlichkeit ein größeres Stück des Weges. Als der Gong erneut zum Sitzen rief, war ich entnervt, denn bei oberflächlicher Betrachtung sahen die ersten beiden Meter vor der Hütte jetzt zwar recht ordentlich aus. Bei genauem Hinsehen wurde jedoch deutlich, dass ich nur auf den ersten Zentimetern wirklich gründlich gewesen war. Auf dem restlichen Stück hatte ich ziemlich schlampig gearbeitet.

Wir saßen wieder drei Stunden lang, und während die anderen das Abendbrot einnahmen, machte ich die erste Notiz in meinem Tagebuch. Da ich entschlossen war, während meiner Einsiedelei so wenig wie möglich zu denken und zu schreiben, entstand ein Dreizeiler:

Einfach nur sitzen,
gedankenleer und unbeweglich,
entspannt und wach.

Mit wenigen Worten war damit die vollständige Übung zusammengefasst. Tatsächlich ist diese Art der Suche nicht gerade das, was man einen ereignisreichen Zeitvertreib nennen könnte. Wer sich dem bewussten Sein zuwendet, will keine Engel sehen, keine inneren Chöre hören, weder in göttlichem Licht baden, noch sich an überirdischen Farben ergötzen. Wer spirituellen und weltlichen Illusionen aus dem Weg gehen will, der liefert sich entschlossen einem Prozess des Wachseins aus.

Folglich richtete ich beim Sitzen mein Bewusstsein darauf, bewusst zu sein. Diese klare, wache Sequenz von gedankenleerem Selbst-Bewusstsein wurde immer wieder durch Gedanken und Kurzträume beendet, erschien jedoch auch von selbst immer wieder erneut. Ich beobachtete den Vorgang so aufmerksam wie möglich.

Während der letzten beiden Sitzeinheiten dieses zweiten Tages tauchten ständig Gedanken darüber auf, dass mir die 25-minütigen Einheiten zu kurz waren. Da ich gewohnt war, etwa eine Stunde ununterbrochen zu sitzen, meinte ich, die längere Zeit zu brauchen, um wirklich tief in das gedankenleere Nichts einzutauchen. Ich erkannte diese Gedanken nicht als Illusion, sondern glaubte ihnen und sehnte das Ende des Sesshins herbei.

Um 21 Uhr kehrte ich mit dem Stuhl in die Hütte zurück, wusch mich, putzte mir die Zähne und setzte mich für eine weitere, diesmal ununterbrochene Stunde zur Übung. Ich war müde, und ständig bildeten sich Gedankenketten, die ich willentlich unterbrechen musste. Das war sehr anstrengend, aber ich hielt die 60 Minuten durch und beschloss, dies auch in Zukunft zu tun, ganz gleich, ob die Übung leicht oder qualvoll sein würde.

Insgesamt hatte ich an diesem Tag neuneinhalb Stunden gesessen, und schließlich wickelte ich mich todmüde in meinen Schlafsack. Bis zum Weckerklingeln am nächsten Morgen um fünf Uhr schlief ich tief und traumlos, allerdings mit weiterhin eiskalten Füßen.

Nach dem Duschen trank ich ein paar Schlucke heißes Wasser mit Traubenzucker, da ich gelesen hatte, dass dies den Körper bei frühmorgendlichen Meditationen wach hält. Trotzdem fühlte ich mich unausgeschlafen, und im Zendo tauchten nach kurzer Zeit gedankenleerer Wachheit sofort Kurzträume auf, die mich unmittelbar in den Schlaf führten. Mein Kopf fiel vornüber und davon erwachte ich. Ich war unsagbar müde und versuchte deshalb, die Übung mit offenen Augen zu machen, um nicht wieder einzuschlafen. Aber die Lider fielen einfach zu, und als das Kinn plötzlich gegen das Brustbein schlug, schreckte ich auf. Frustriert begann ich mit der Übung von vorn.

Als die anderen frühstückten, schlief ich eine Dreiviertelstunde tief und fest in der Hütte, machte mich dann wieder ans Jäten. Da während des gesamten Sesshins nicht gesprochen wurde, konnte ich Aiolan nicht fragen, ob er die Arbeit lieber gründlich oder lieber schnell erledigt haben wollte. Diese Frage beschäftigte meinen Verstand jetzt ununterbrochen. Dann rief mich der Gong ins Zendo, und ich war verzweifelt darüber, dass ich mich nicht für eine Arbeitsweise entscheiden konnte. Ich begann, unter diesem Problem zu leiden.

Kaum saß ich auf dem Stuhl, umfing mich erneut bleierne Müdigkeit, und ich schlief mehrmals ein. Mittlerweile war mir das peinlich, denn sicherlich blieb das nicht unbemerkt. Nach dem ersten Gehen tauschte ich den Stuhl gegen ein Sitzkissen aus, und nun kam zur Müdigkeit noch ein Schmerz im unteren Teil der Wirbelsäule hinzu. Trotzdem blieb ich bis zur Mittagspause auf dem Kissen sitzen, machte den Schmerz zum Objekt meiner Konzentration, wie ich es mit intensivem Popcorn zu tun pflegte. Außerdem kämpfte ich verbissen gegen den Schlaf.

In der Mittagspause versuchte ich zu schlafen, war aber nun hellwach und saß eine Stunde schmerzfrei und in gedankenleerem Bewusstsein auf meinem Stuhl in der Hütte. Danach bearbeitete ich lustlos ein weiteres Stück des Weges, manchmal zentimeter-genau, manchmal großzügig und oberflächlich.

Die folgenden drei Stunden saß ich im Zendo wieder auf mei-nem Stuhl. Ich war wach, konnte mich aber nicht konzentrieren und fand auch die sanfte Aufmerksamkeit nicht. Die Zeit verging im Schneckentempo, und ich setzte alle Hoffnung darauf, nach dem Ende des Sesshins meine Übung in meinem eigenen Rhyth-mus machen zu können.

Um mein Fasten zu beenden, nahm ich an dem gemeinsamen Abendessen teil. Ich saß mit den anderen im Speisesaal, fühlte mich aber nicht zu ihnen gehörig. Einige von ihnen sah ich zum ersten Mal, weil ich an den vorhergehenden Mahlzeiten nicht teilgenom-men hatte und wir uns im Zendo nur mit gesenktem Blick bewegt hatten.

Jetzt fiel mir eine große rothaarige Frau mit markanten Ge-sichtszügen auf. Obwohl ich eigentlich mehr mit mir selbst be-schäftigt war, bemerkte ich eine gewisse Faszination, die ich so-gleich mit wachsamem Desinteresse fallen ließ. Nichts wollte ich während meiner Einsiedelei weniger als einen wie auch immer ge-arteten Kontakt zu einer Frau. Das Problem mit dem Kiesweg reichte mir völlig.

Trotzdem konnte ich nicht verhindern, dass mein Blick gele-gentlich von meinem Teller zu der Unbekannten abschweifte.

„Popcorn!", dachte ich entschlossen. „Alles nur Popcorn: der Unfug mit dem Jäten, jetzt diese Frau – einfach nur Störungen der Übung!"

Ich sah die Rothaarige bewusst an, machte sie wie jedes andere intensive Popcorn zum Gegenstand meiner Konzentration, und als sie meinen Blick erwiderte, wich ich ihren Augen nicht aus. Sofort standen meine Gedanken still; na also. Dann erkannte ich in jener Frau dieselbe Stille wie in mir. Sie wurde sofort abgrundtief, tiefer und stiller als bei all meinen heutigen Übungen, geradezu marmorn.

Gleichzeitig sahen wir wieder auf unsere Teller hinab, und damit hatte es sich.

Im Anschluss an das Abendessen saß ich drei Stunden lang in meiner Hütte. Nach jeder Stunde erhob ich mich, trat vor die Tür und atmete einige Minuten lang bewusst und kraftvoll. Meine Füße waren endlich wieder warm geworden. Beim Sitzen war ich wach und konnte aufmerksam ins gedankenleere Bewusstsein schauen. Kurzträume schwebten vorbei, ohne dass ich einschlief. Mehrmals befand ich mich im ichlosen Zustand der Meditation, wo alles an der wachen Aufmerksamkeit vorüberfließt.

Später las ich im Bett einige Seiten in Swamijis Buch, die sich mit den anfänglichen Schwierigkeiten während seines Einsiedler- lebens beschäftigen. Ich fasste neuen Mut. Auch er hatte störungs- reiche Tage und Nächte erlebt, und ich bat ihn um Unterstützung auf meinem Weg.

Als ich am Montag nach meinen beiden morgendlichen Sitz- einheiten Aiolan im Kloster suchte, um ihn endlich zu fragen, wie er den Kiesweg gesäubert haben wollte, fand ich ihn nicht. Dafür entdeckte ich in der Küche zwei Frauen, die sich als Rita und Carola vorstellten. Von ihnen erfuhr ich, dass der Zen-Lehrer erst zum Wochenende wieder zurück sei. Ich musste mein Problem also allein lösen.

Die ersten Meter vor der Hütte sahen katastrophal aus. Es war genau zu sehen, wo ich sorgfältig gejätet und wo ich nur oberfläch- lich gearbeitet hatte. Um bei Aiolans Rückkehr fertig zu sein, arbei- tete ich nun schnell und oberflächlich weiter, allerdings ohne dass mich das Ergebnis zufrieden stellte.

Ich begegnete Rita erneut, als ich nach dem Einkauf im Dorf meine Lebensmittel zur Hütte trug. Sie fragte mich, ob ich mit ihr und den anderen, die nach dem Sesshin im Kloster geblieben waren, zu Mittag essen würde. Kurz zögerte ich, weil ich keine Ablenkung wollte. Andererseits war ich vom Jäten frustriert und konnte Aufmunterung gebrauchen. Also nahm ich ihre Einladung an.

In der Nähe des zweiten Seerosenteiches unterhalb des Hauptgebäudes war der Tisch gedeckt. Carola und die Rothaarige saßen dort bereits. Nachdem ich Platz genommen hatte, erzählte Rita, dass sie bis Dienstag im Kloster bleiben würde. Carola sagte, sie lebe seit einem Monat hier und bliebe noch für längere Zeit.

Statt ihren Namen zu nennen, fragte die Rothaarige, ob ich überhaupt sprechen wollte. Sie überraschte mich mit dieser nahe liegenden Frage, auf welche die beiden anderen Frauen nicht gekommen waren.

„Ich rede nicht viel und hier noch weniger", antwortete ich.

„Ich kann reden und ich kann schweigen", sagte sie daraufhin, und ich bemerkte wieder die tiefe Stille in ihren Augen. Mir kam „Silence" in den Sinn; ein passender Name für sie, wie mir schien.

Die Frauen hatten Salat zubereitet, den ich mit Appetit aß. Rita erzählte eine Menge von sich selbst, und es war offensichtlich, dass sie mein Interesse wecken wollte. Da sie fast ununterbrochen redete, richtete ich meine Aufmerksamkeit konzentriert auf ihr Sprechen. Carola und Silence schwiegen. Nach dem Essen bot ich an, abzuwaschen, und trug Schüssel, Teller und Besteck in die Küche.

Kurz nachdem ich mit dem Abwasch begonnen hatte, kam Silence dazu und trocknete wortlos ab. Auch als ich wieder in meine Hütte zurückkehrte, hatten wir nicht miteinander gesprochen, und das war äußerst angenehm gewesen.

Frauen machen in ihrer Weise
auf sich aufmerksam –
das ist ganz natürlich.

Ich wusste, dass ich auch in meiner Einsiedelei der Welt nicht entfliehen konnte. Ablenkungen oder Störungen jedweder Art würde es immer und überall geben. Sie konnten meine Übung nur dann beeinträchtigen, wenn ich mich ihnen entweder fasziniert oder ärgerlich zuwandte. Wachsames Desinteresse ist der einzige Schlüssel zur Unberührbarkeit. Deshalb ging es darum, das Leben weiterfließen zu lassen, ohne mich jedoch gedanklich damit zu beschäftigen.

Mir war klar, dass das Leben intelligent und kreativ genug ist, gerade solche Situationen zu erschaffen, die einen Übenden in ernsthafte Versuchung führen können. Bei mir bestand diese ernsthafte Versuchung nun einmal in der Begegnung mit Frauen. Hier half nur wachsames Desinteresse wie auch bei allen anderen Objekten, die außen oder innen auftauchten. Ich war absolut entschlossen, lediglich an meiner Übung interessiert zu sein.

Nach dem nächsten Sitzen fand ich neben der Tür meiner Hütte einen kleinen Teller mit frisch gesammelten Waldbeeren. Ich verzehrte die köstlichen Früchte genüsslich, ohne über die Geberin nachzusinnen. Das Leben um mich herum ging einfach weiter, und ich nahm in dem Rahmen, den ich mir selbst gestattete, an ihm teil. Ich erlaubte den Ereignissen jedoch nicht, mich von meinen Vorsätzen abzulenken.

Seit Montag saß ich nun jeweils vormittags, nachmittags und abends zweimal je eine Stunde lang in dem gepolsterten Stuhl. Mittwochabend war ich vollkommen am Boden zerstört, denn seit Sonntag schlief ich bei fast jeder Übung mehrmals ein und konnte mich trotz energischer Bemühung kaum wach halten. Ich hatte den Eindruck, vier Tage vertan zu haben, und bat Swamiji verzweifelt, mich von der Müdigkeit zu befreien.

Donnerstagmorgen fiel ich während der ersten beiden 60-minütigen Sitzeinheiten wiederum in lähmenden Schlaf und hatte die Nase derart voll davon, dass ich mich wütend bei Swamiji beschwerte und ihn wüst beschimpfte. Als ich mich am Nachmittag erneut hinsetzte, war meine Wut verflogen und mein Widerstand gebrochen.

„Swamiji", sprach ich zu ihm, „ich kann nichts gegen diese Müdigkeit tun, und da du sie nicht beseitigst, weiß ich nicht weiter. Ich gebe dir von jetzt an die Verantwortung für meine Übung: Mach also mit mir, was du willst! Lass mich einschlafen oder wach bleiben – *dein* Wille geschehe, nicht meiner!"

Kaum war die gedankenleere Stille einigermaßen konstant, bemerkte ich schon die Schläfrigkeit, ließ freiwillig mein Kinn auf die Brust sinken und schlief ein. Wenige Minuten später erwachte ich, und von da an war die Übung für die restliche Zeit mühelos. In der anschließenden vierten Sitzeinheit dieses Tages schlief ich gegen Ende erneut gehorsam ein und wachte erst beim Klingeln des Weckers wieder auf. Auch die beiden abendlichen Sitzeinheiten waren von kurzem Einschlafen unterbrochen, dem ich keinerlei Widerstand entgegensetzte.

Freitagmorgen schlief ich während der beiden ersten Übungen nicht ein, aber die Gedankenketten, die sich um Aiolans Rückkehr und den chaotischen Zustand des Kiesweges rankten, beschäftigen mich unentwegt. Wohl oder übel machte ich sie zum Gegenstand meiner gesamten Konzentration. Als ich dann mit Handschuhen, Eimer und Arbeitsgerät vor meiner Hütte stand und mir die Bescherung ansah, erfasste mich die Angst, dass mich der Zen-Lehrer wegen Nichterfüllung meiner Pflichten aus der Hütte werfen könnte.

Einen Moment lang suchte ich nach Entschuldigungen und Ausreden. Dann merkte ich endlich, dass dieser gesamte Vorgang sich seit sieben Tagen nirgendwo anders abspielte als in meinem Kopf.

„Gedanken!", schrie ich laut und lachte wie irr, „Gedanken!" Ich warf die Handschuhe in den Eimer, kochte mir einen Kaffee und trank ihn frohlockend unter dem Vordach der Hütte. Währenddessen war es vollkommen still in mir, und zum ersten Mal spürte ich auf dem Gelände des Zen-Klosters jenen köstlichen Frieden, den ich so lange vermisst hatte.

13. Der Mond im Teich

Geh ich links, versäum ich rechts.
Lachend schau ich
nur auf mich!

In völliger Klarheit erkannte ich, dass wir Menschen lebenslang Entscheidungen zwischen mindestens zwei Möglichkeiten treffen müssen. Sobald wir uns für ja oder nein entschieden haben, für rechts oder links, erlischt die Alternative. Denn das, wofür wir uns *nicht* entschieden haben, können wir nicht mehr erleben.

Wenn wir diese Tatsache grundsätzlich akzeptieren, fallen uns alle Entscheidungen erheblich leichter. Natürlich fürchten wir uns trotzdem gelegentlich vor den Folgen einer Entscheidung. Da alle Konsequenzen jedoch in der Zukunft liegen, sind sie von unserem jetzigen Standpunkt aus völlig unvorhersehbar. Wir können nicht wissen und nicht einmal ahnen, wie das Leben auf unsere Entscheidung reagieren wird.

Sobald dies durchschaut ist, löst sich die Qual der Wahl in ein erleichtertes Lachen auf. Wir erkennen plötzlich, dass wir stets genau *die* Wahl treffen können, die uns im Augenblick am liebsten ist – ohne uns auch nur mit einem einzigen Gedanken um die möglichen Konsequenzen zu sorgen.

Mir war nicht klar, ob Aiolan einen gründlich gesäuberten Kiesweg oder einen schnell gesäuberten Kiesweg bevorzugte. Wenn der Zen-Lehrer nicht das vorfinden würde, was seinen Vorstellungen entsprach, dann würde er irgendwie darauf regieren. Aber *was* er bevorzugte und *wie* er reagieren würde, wusste ich nicht. Deshalb tat ich jetzt genau das, wozu ich jetzt am meisten Lust hatte: Ich begann, die oberflächlich gesäuberten Stellen gründlich zu säubern. Das machte mir Spaß, und ich erfuhr Lebensfreude dabei.

Während des Arbeitens musste ich immer wieder lachen. Ich genoss die Befreiung aus dem Dilemma der Entscheidungsfindung in vollen Zügen und wusste, dass ich mich auch in Zukunft nie wieder in einem solchen Dilemma befinden würde.

Das Problem mit dem Jäten war ein *gedankliches* Problem gewesen. Es hatte nur in meinem Kopf existiert und nirgendwo sonst. Wenn ich von Anfang an nicht gedacht, sondern einfach nur gejätet hätte, hätte ich in den vergangenen sieben Tagen meine Arbeit genauso genießen können wie jetzt.

Jedes Problem ist ein Hirngespinst, ein aufregender gedanklicher Vorgang, der nur deshalb real erscheint, weil wir ihm glauben. Denken beeinträchtigt sowohl unsere Wahrnehmung des Lebens, als auch die Freude, mit der wir am Leben teilnehmen. Es ist grotesk: Ein nicht realer Gedanke versaut uns den Genuss der Realität, den Genuss dessen, was *tatsächlich vorhanden* ist.

Sogar wenn unsere Gedanken keine Probleme kreieren, sondern nur neutral um irgendetwas kreisen, halten sie uns davon ab, im gegenwärtigen Augenblick bewusst zu sein. Sie verhindern damit, dass wir wach am Leben teilnehmen und uns an ihm erfreuen, denn das Leben findet immer nur im gegenwärtigen Augenblick statt und zu keiner anderen Zeit.

Denken

kostet

das Leben!

Die beiden Übungen nach der Mittagspause waren leicht und wonnevoll. Ich befand mich in einem äußerst friedlichen Zustand wacher Aufmerksamkeit, an dem alle auftauchenden Objekte vorüberzogen: fragile Einzel-Gedanken, Kurzträume, Körper- und Energie-Phänomene sowie Außengeräusche. Das wachsame Desinteresse blieb konstant.

Am Abend klopfte der Zen-Lehrer an meine Tür. Ich ließ ihn ein, wir setzten uns auf das Bett, und er fragte mich nach den Fortschritten meiner Übung. Ich berichtete ihm, dass ich heute zum ersten Mal zwei gute und tiefe Meditationen hintereinander erlebt hatte.

„Was heißt gut und was heißt tief?", fragte er. „Es gibt keine guten und keine schlechten Meditationen, keine tiefen und keine oberflächlichen. Du machst eine Übung, das ist alles. Mal verläuft sie so, mal verläuft sie anders – aber es ist immer die Übung, die du gerade machst. Sobald du anfängst, sie mental zu bewerten, ist es nicht mehr die Übung, sondern nur noch eine gedankliche Illusion."

Den Zustand des Kiesweges, der zu einem Viertel gründlich, zu zwei Vierteln oberflächlich und zu einem weiteren Viertel überhaupt nicht gesäubert war, erwähnte Aiolan nicht. Da ich in Bezug auf das Jäten endlich im Frieden mit mir selbst war, konnte der Zen-Lehrer nicht unzufrieden mit mir sein – Innen ist Außen!

Während ich vor der Hütte mein Abendbrot einnahm, näherte sich Carola zögernd, blieb in einigem Abstand stehen und fragte, ob sie mich nach dem Essen kurz sprechen könnte. Ich hatte nichts gegen ein Gespräch, denn ich war ohnehin bester Laune, und deshalb lud ich sie zu mir auf die Terrasse ein.

Am Montagabend hatte Silence das Kloster verlassen, und seit Mittwoch hatte ich auch Rita nicht mehr gesehen. Carola jedoch hatte oft im Lotussitz und mit geschlossenen Augen auf der Veranda des Hauptgebäudes gesessen. Sie schien ihre Übung ernst zu nehmen, und das gefiel mir. Nun berichtete sie mir von Schmerzen in ihrem Rücken und bat mich um Rat. Ich zeigte ihr meine Lockerungsübungen; mit wenigen Worten bedankte und verabschiedete sie sich.

Nach „guten und tiefen" Übungen während der vorletzten Sitzeinheit dieses Tages schlief ich bei der letzten mehrmals ein.

Einschlafen?
Nicht wollen und
nicht nicht-wollen!

Am Sonntag fand im Kloster das Jahresfest statt, und nach der ersten Sitzeinheit am Morgen begab ich mich ins Hauptgebäude, um dem Zen-Lehrer meine Hilfe anzubieten. Ich erhielt die Aufgabe, den anreisenden Gästen auf einer nahe gelegenen Wiese Parkplätze zuzuweisen. Etwa einhundert Verehrer, Freunde und Schüler Aiolans wurden erwartet, und alle freiwilligen Helfer waren emsig beschäftigt. Auch Carola, Rita und Silence hatte ich unter ihnen entdeckt.

Ich kehrte gerade rechtzeitig zurück, um Aiolans Begrüßungsansprache zu hören. Dabei hatte ich den Eindruck, dass er mehr redete als nötig war, gelegentlich abschweifte und manchmal seine eigene Person auffällig in den Mittelpunkt rückte. Das irritierte mich, denn es passte nicht zu dem Bild eines Menschen, der die Erleuchtungserfahrung bereits hinter sich hatte.

Ganz außer Frage stand, dass ich Aiolan sehr mochte. Er war etwa siebzig Jahre alt, energiegeladen und fleißig, tolerant und großzügig, humorvoll und einfühlsam, intelligent und belesen. Aber seine Geschäftigkeit und gelegentliche Ichbezogenheit lösten in mir die Frage aus, wie es hinsichtlich der Erleuchtung wirklich um ihn stand.

Nach einigen weiteren kurzen Ansprachen und nach zwei längeren Vorträgen über Zen wurde das Mittagsbüfett eröffnet. Ich füllte meinen Teller und setzte mich auf den großen Stein am Seerosenteich unterhalb meiner Hütte. Dort genoss ich das liebevoll zubereitete Essen.

Schweigend setzte sich Silence neben mich und aß mit mir.

Erst als unsere Teller leer waren und wir eine Weile still nebeneinandergesessen hatten, sagte sie:

13. Der Mond im Teich

„Ich würde gerne mit dir sprechen, Felix. Ist das okay für dich?"

„Natürlich."

„Warum lebst du in der Hütte?"

„Um in Ruhe zu meditieren."

„Suchst du die Meditation?"

Ihre Frage überraschte mich und ließ mich nachdenken.

„Es ist wichtig, genau zu wissen, was man sucht", sagte sie.

Inzwischen wusste ich die ehrliche Antwort.

„Ich suche die Wahrheit über mich selbst. Ich will erkennen, wer ich wirklich bin."

„Du hoffst, diese Erfahrung auf dem Weg der Meditation zu machen", stellte sie fest. Ich sah sie an. Sie zweifelte nicht an meinen Worten; sie war lediglich interessiert.

„Ja", bestätigte ich.

„Wie oft meditierst du täglich?"

„Sechs Mal je eine Stunde."

„Und was machst du in den übrigen achtzehn Stunden?"

Völlig verblüfft von ihrer Frage, schwieg ich.

„Ich habe vor, ab morgen acht Stunden täglich zu sitzen", sagte ich dann.

„Und was wirst du ab morgen in den übrigen sechzehn Stunden tun?"

Silence sah mich an, und ich erwiderte ihren Blick. Ihr Gesicht war offen; keinerlei Kritik, Argwohn oder gar Hinterlist waren darin zu erkennen. Ihre Augen waren tief und still. Ich wandte den Kopf, blickte über den Teich, hörte das Quaken der Frösche, sah die schillernden Libellen über den Seerosen schweben und schwieg. Die Stille wurde trotz aller Geräusche plötzlich marmorn. Ich dachte nicht über die Frage nach, sondern spürte nur, wie sie in meinem Herzen schwang und eine starke Resonanz auslöste.

Wenn Erleuchtung tatsächlich mein letzter sehnlichster Wunsch war, dann erschienen mir acht Stunden Übung auch nicht genug.

Aber ich traute mir noch nicht zu, erheblich länger zu sitzen. Und wie lange wäre lang genug?

„Wie viele Stunden meditierst *du* täglich?", wollte ich wissen.

„Ich meditiere überhaupt nicht", antwortete sie. „Ich habe noch nie meditiert."

Vor Verblüffung lachte ich laut und ungläubig auf.

„Aber du warst letztes Wochenende bei dem Sesshin dabei", sagte ich. „Was hast du die vielen Stunden auf dem Kissen gemacht, wenn du nicht meditiert hast?"

„Gesessen."

„Natürlich. Und was noch?"

„Nichts."

Wieder sah ich sie an und erkannte, dass sie es ernst meinte und die Wahrheit sagte.

„Du machst auf dem Kissen keinerlei Übung?", hakte ich nach.

„Nein."

„Und warum nimmst du dann überhaupt an Sesshins teil?"

„Ich weiß es nicht."

Wieder sah ich prüfend in ihr Gesicht. Alles, was sie auf diesem Stein gefragt und gesagt hatte, war reines, klares Zen gewesen und sowohl der Form als auch dem Inhalt nach eines Meisters würdig. Was wusste sie, das ich noch nicht wusste?

„Existiert dein Ich noch?", platzte es aus mir heraus.

Sie lachte hell auf.

„Ich unterscheide mich in keiner Weise von dir", sagte sie, nahm die Teller, erhob sich und ging in Richtung des Büfetts. Ich blieb vollkommen verwirrt zurück. Nur eines war sicher: In ihrer Gegenwart erlebte ich eine Stille wie sonst auf meinem Stuhl oder bei Spaziergängen, wenn die Gedankenleere marmorn wurde.

Spontan entschloss ich mich, nicht weiter am Fest teilzunehmen, und setzte mich in der Hütte an den Schreibtisch. Ich entwarf einen Zeitplan für die kommende Woche, in dem ich die acht täglichen Sitzeinheiten festlegte.

Wenn ich aber von nun an acht Stunden lang die Übung machen und acht Stunden lang schlafen würde, blieben immer noch acht weitere Stunden pro Tag übrig. Also nahm ich mir vor, in dieser Zeit bei allem, was ich tun würde, die Übung der gedankenleeren Aufmerksamkeit fortzusetzen.

Ich rückte meinen Stuhl in die Mitte der Hütte, saß dreimal für je eine Stunde mit jeweils fünf Minuten Pause dazwischen. Dann jätete ich gründlich ein weiteres Stück des Kiesweges, bereitete anschließend mein Abendessen und achtete fast ununterbrochen auf die gedankenleere Stille in mir.

Nach einer weiteren Sitzeinheit ging ich in die Klosterküche, um beim Abwasch zu helfen. Silence, Carola, Rita und einige andere arbeiteten dort bereits. Etwa 30 Personen nahmen an dem einwöchigen Sesshin teil, das am Abend des Festes begonnen hatte, und es gab alle Hände voll zu tun.

Gegen 22 Uhr verabschiedete sich Silence von mir.

„Ich fahre jetzt nach Hause", sagte sie. „Du nimmst nicht am Sesshin teil?"

„Nein. Ich werde in meiner Hütte sitzen."

„Ich wünsche dir die Erfahrung, nach der du suchst."

Obwohl die mental-sensorische Illusion, in der wir gefangen sind, nur *fast* perfekt ist, erreicht sie einen hohen Grad an Vollkommenheit. Deshalb ist es äußerst schwierig, sie zu durchschauen und frei von ihr zu werden.

14.
Die irreale Welt der Gedanken

Wenn wir die Illusion als etwas definieren, das nur scheinbar vorhanden ist, dann ist die Realität das, was tatsächlich vorhanden ist. An dieser Unterscheidung können wir uns vorerst orientieren.

- **Nur das, was in diesem Augenblick existiert, ist tatsächlich vorhanden.**

Alles, was vor dem gegenwärtigen Augenblick existierte oder danach existieren wird, ist nicht real: Das Vergangene ist *nicht mehr* und das Zukünftige ist *noch nicht* vorhanden. Das eine gibt es nur in unserer Erinnerung, das andere gibt es nur in unserer Erwartung.

- **Erinnerungen und Erwartungen sind Gedanken, die sich mit der Vergangenheit bzw. der Zukunft beschäftigen.**

Das *Auftauchen* dieser Gedanken in unserem Kopf ist real, weil es im gegenwärtigen Augenblick stattfindet. Aber der *Inhalt* dieser Gedanken ist nicht real, weil er sich auf etwas bezieht, das nicht mehr oder noch nicht existiert.

Es sieht so aus, als gäbe es Gedanken, die sich mit dem gegenwärtigen Augenblick beschäftigen. Vielleicht glauben wir, dass deren Inhalt dann zwangsläufig real sein muss. Manchmal denken wir

über die aktuelle Situation nach, analysieren sie, wollen herausfin-
den, welche Bedeutung sie für uns hat, warum alles so gekommen
ist und wozu es führen wird. Je nachdem, wie beweglich unser Verstand ist, haben wir sofort oder nach längerem Grübeln die entsprechenden Antworten gefunden und ein feines Konzept erdacht.
Damit wandern wir dann durchs Leben – bis wir im Zusammen-
stoß mit der Realität erkennen müssen, dass das Konzept falsch
war.

Tatsächlich können sich Gedanken *nicht* mit dem gegenwärtigen Augenblick beschäftigen. Sobald wir über ihn nachdenken, ist
er bereits in der Vergangenheit verschwunden, und wir grübeln nur
noch über das nach, was wir denken. Das Leben ist viel zu schnell,
als dass es sich mit Gedanken fangen ließe, und viel zu intelligent,
als dass es sich vom Verstand begreifen ließe. Andernfalls wäre
schon längst eine Gebrauchsanleitung fürs Leben geschrieben und
veröffentlicht worden, und alle Menschen wären gesund, reich und
glücklich.

> **Sobald wir das glauben, was wir denken,
> haben wir eine Illusion erzeugt, die wir für
> wahr halten: für eine Tatsache, für die Realität.**

Automatisch wird dieser Gedanke auf uns selbst oder die Welt projiziert, und dann sind wir überzeugt, dort das zu sehen, was wir in
Wirklichkeit nur denken.

Ein Gedanke, den wir mehrfach wiederholen, wird zu einer
Vorstellung, und eine Vorstellung, die wir durch Wiederholung
stärken, wird zu einer Überzeugung. Eine Überzeugung ist dermaßen mit mentaler Energie erfüllt, dass sie nun wie eine Tatsache
von außen in unser Leben einzutreten scheint. Es sieht so aus, als
beschenke oder konfrontiere das Leben uns mit Ereignissen, die
dem Inhalt dieser Überzeugung exakt entsprechen. Das wiederum

bestärkt uns im Glauben an unsere Gedanken und verfestigt die Illusion.

Real ist, dass Sie gerade diese Worte lesen. Wenn Sie glauben, auch die Worte der vorigen Seite gelesen zu haben, dann ist das nur ein Gedanke. Vielleicht haben Sie die vorige Seite überblättert, ohne es zu merken? Sie können das nicht wirklich *wissen*, aber Sie werden auf jeden Fall *glauben*, was Sie diesbezüglich *denken*.

● **Was wir denken, scheint *immer* wahr zu sein – sonst würden wir es gar nicht erst denken.**

Aber bei der Suche nach der Realität geht es nicht darum, ob das, was wir denken, stimmt oder nicht – sondern darum, zu erkennen, dass einzig und allein real ist, was jetzt in diesem Augenblick tatsächlich vorhanden ist. Schon der Gedanke an die vorige Seite erzeugt eine Illusion von der vorigen Seite. Nur wenn Sie zurückblättern, haben Sie sie tatsächlich wieder vor Augen.

● **Solange wir an unseren gedanklichen Überzeugungen festhalten, so lange werden uns die entsprechenden Illusionen begleiten.**

Gelegentlich kollidiert die Realität hart mit unseren Illusionen und „für uns bricht eine Welt zusammen". Dieser Gnadenakt bietet die Möglichkeit zur Befreiung von jenen gedanklichen Überzeugungen. Aber wer nutzt eine solche Chance? Nach kurzer Verzweiflung tüfteln wir wieder an einem ähnlichen Gedankenkomplex herum und kriechen erneut unter die Käseglocke unserer Vorstellungen.

Während wir dort festsitzen, geht das wirkliche Leben natürlich weiter. Es wartet nicht auf uns, und wir verpassen es. Wir nehmen nicht wahr, was tatsächlich existiert, und können nicht an dem teilnehmen, was tatsächlich geschieht.

14. Die irreale Welt der Gedanken

Es ist unbegreiflich, wie das kleine menschliche Gehirn es fertig bringt, die gigantische Erhabenheit des tatsächlich vorhandenen Lebens fast vollständig zu verdecken und uns stattdessen eine winzige, oft recht trostlose Welt im Kopf zu präsentieren. Wie in einem Fernseher wird die Realität auf ein Bild von einem halben Quadratmeter reduziert, und der höchste Berg, den wir zu sehen bekommen, misst fünfzig Zentimeter. Warum geben wir uns mit dieser armseligen Begrenztheit zufrieden?

● **Die Welt in unserem Kopf ist hermetisch abgeriegelt: Die Realität muss draußen bleiben!**

Die Augenblicke, Tage, Jahre rauschen schemenhaft an uns vorüber.

Vielleicht haben wir Glück und es begegnet uns ein Mensch, ein Buch oder Film, der uns auf die Realität jenseits des Verstandes hinweist. Dann werden wir misstrauisch und beginnen, an dem zu zweifeln, was bis jetzt noch Wirklichkeit für uns ist. Wir suchen einen Ausweg aus unserem mentalen Glaskasten und erkennen die Möglichkeit, durch das Anhalten des Denkens die Illusion zu beenden. Natürlich wird das niemand versuchen, der noch an die Nützlichkeit und Wichtigkeit seiner Gedanken glaubt.

● **Nur wer den Glauben an seine Gedanken verloren hat, kann dem Denken das Interesse entziehen – und nur dann entstehen längere gedankenleere Phasen.**

In solchen Zeiträumen können wir entweder vor uns hin dösen oder hellwach sein. Falls wir neugierig auf die Realität sind, wählen wir die zweite Möglichkeit: Wir greifen die Sequenzen auf, in denen wir bewusst sind, bewusst zu sein, und versuchen, darin zu verweilen.

Auf diese Weise projizieren wir kurzfristig *keine* gedankliche Welt auf das tatsächlich Vorhandene. Anfangs müssen wir damit zufrieden sein, das Leben in diesen Augenblicken nicht zu verdecken – auch wenn wir die Realität noch nicht wahrnehmen können. Oder richtiger: auch wenn wir *denken*, dass wir die Realität noch nicht wahrnehmen.

15.
Die letzte große Anstrengung

Von nun an saß ich täglich jeweils acht Stunden lang. Vor jeder Übung bat ich Swamiji um seinen Segen und übergab ihm die Verantwortung für alles, was während der 60 Minuten geschehen würde. Manchmal schlief ich im Verlauf der Übung für kurze Zeit ein, meistens jedoch blieb ich hellwach. Gelegentlich glitt ich in den ichlosen Zustand der Meditation, aber ich erlebte keinen einzigen Samadhi. Mit all dem war ich einverstanden, denn während jeder Übung empfand ich Mühelosigkeit und Zeitlosigkeit, und nach jeder Übung genoss ich tiefen Frieden und stilles Glück.

Weitere acht Stunden täglich, in denen ich nicht saß, richtete ich bei allem, was ich tat, meine sanfte Aufmerksamkeit auf die Gedankenleere.

Das Reich Gottes ist
inwendig in mir.
Liegt mein Interesse innen oder außen?

Ich wusste, dass das Leben um mich herum weiterging, aber ich wusste auch, dass ich an diesem Leben nicht mehr in dem Maß interessiert war wie früher. Mein vorrangiges Interesse galt jetzt der inneren Stille, und ich war bereit, für sie auf alles andere zu verzichten. Dennoch erschienen um mich herum immer wieder Objekte oder Ereignisse, die meine Aufmerksamkeit von der Stille abzogen, weil mich manches andere eben doch interessierte.

Dazu gehörten vor allem die Annäherungsversuche der Teilnehmer des Sesshins. Unter ihnen hatte es sich herumgesprochen, dass „ein Mönch" in der Hütte lebte. Obwohl sie eigentlich schweigen sollten, sprachen mich einige von ihnen an, wenn ich auf der Terrasse vor meiner Hütte oder auf dem Stein am Seerosenteich saß. Ich beantwortete ihre Fragen höflich, aber kurz. Trotzdem ergab sich gelegentlich ein Gespräch, das auch ich genoss.

Einige Frauen waren besonders hartnäckig und flirteten sogar ganz offensichtlich mit mir. Manchmal ging ich darauf ein, weil es eine wohltuende Abwechslung zu meiner recht ereignislosen Übung war. Wenn sie wieder gegangen waren, nahm ich die Übung erneut auf, ohne dass es mir schwerfiel.

Aber auch wenn ich nicht direkt ins Leben einbezogen wurde, sondern nur Beobachter war, konnte ich die stille innere Wachheit nicht dauerhaft aufrechterhalten. Beim Einkaufen oder Spazierengehen war es nicht völlig zu verhindern, dass ich mich gedanklich mit irgendetwas beschäftigte. Dies hatte jedes Mal zur Folge, dass einerseits eine gewisse Aufregung in mir entstand und dass andererseits das Wahrnehmen meiner bewussten Anwesenheit und dessen, was tatsächlich gerade vorhanden war, stark getrübt wurde. Denn während des Denkens können wir uns selbst und das uns umgebende Leben nur noch schemenhaft wahrnehmen, ungenau wie durch eine Milchglasscheibe.

Wenn Gedanken dann auch noch Emotionen auslösen, verschleiern und verzerren sie die Wahrnehmungen völlig.

Emotion ist immer
Folge von Gedanken –
niemals von Tatsachen!

Emotionen enthalten eine große treibende Kraft – wir *müssen* geradezu auf sie reagieren. Wir sind *gezwungen*, irgendetwas zu tun. Aber die folgende Handlung orientiert sich dann nicht an der Situation, mit der wir konfrontiert sind, sondern zielt nur noch darauf ab, die Emotion so schnell wie möglich loszuwerden. Folglich tun wir, was unseren Gefühlen entspricht, und ärgern uns anschließend darüber, dass wir Mist gebaut haben.

Jede Emotion ist nichts anderes als eine Energiewelle, die durch unseren Körper läuft. Manchmal ist dieses Aufwallen derart stark, dass wir es nicht fühlen wollen und sofort gegen den vermeintlichen Auslöser vorgehen.

Richten wir stattdessen unsere gesamte Konzentration auf die Emotion, so fühlen wir genau, wo sie sich im Körper bewegt, wie sie anschwillt, einige Zeit wallt, dann abebbt und sich schließlich wieder auflöst.

Während wir diese Energiewelle beobachten, haben wir keine Gelegenheit, auf den Menschen zu reagieren, der sie scheinbar ausgelöst hat. Und sobald die Emotion verschwunden ist, besteht sowieso keine Notwendigkeit mehr, unserem Gegenüber Paroli zu bieten. Wir haben uns eine zwanghafte Handlung erspart, die ohnehin unsinnig gewesen wäre.

In den Tagen nach dem Jahresfest fokussierte ich mich mehr und mehr auf die nun sechzehnstündige Übung. Trotz gelegentlicher Fehlschläge war ich mit meinen Fortschritten zufrieden. Nachts schlief ich erschöpft, aber tief und traumlos. Tagsüber funktionierte ich bei allen Tätigkeiten völlig normal – auch ohne zu denken, ohne meine Handlungen mit inneren Kommentaren zu begleiten und ohne über die Konsequenzen meines Tuns nachzudenken. In mir war meistens stille Gedankenleere, die gelegentlich fest wie Marmor wurde.

Nachdem ich in der ersten Woche Urlaub genommen hatte, fuhr ich am Mittwoch der zweiten Woche in die Tagesstätte, um dort am Nachmittag wie gewohnt zu arbeiten. Kaum hatte ich jedoch die Patienten begrüßt, empfand ich deren Lärm und die Geschichten, die mir erzählt wurden, als äußerst unangenehm. Das irritierte mich, denn viele dieser Menschen waren mir inzwischen ans Herz gewachsen. Ich mochte sie sehr, und sie schenkten mir ihre Zuneigung und ihr Vertrauen.

Jetzt konnte ich mich jedoch auf keines der Gespräche konzentrieren, weil ich bei all dem geschilderten Leid jedes Mal die absurden Gedanken erkannte, die dahintersteckten – all diese völlig überflüssigen nicht realen Vorstellungen, die das Leben zur Qual machen. Ich sah die ganze Irrealität, auf der das Drama basierte, sah, wie die Illusion eine Hölle erschuf, aus der kein Ausweg gefunden wurde.

Gleichzeitig wusste ich, dass ich diesen Menschen nicht helfen konnte. Sie erlebten ihr Leiden als real und waren fern davon, zu verstehen, dass ihr Drama augenblicklich in sich zusammenbrechen und verschwinden würde, wenn sie ihren Gedanken den Glauben entziehen würden.

Ich fühlte mich hilflos wie seit vielen Jahren nicht mehr und völlig fehl am Platz.

Abends ging ich in die Sauna und genoss die gedankenleere Stille wieder, die mir in der Tagesstätte völlig abhandengekommen war. Sie blieb recht stabil, obwohl auch jetzt um mich herum gesprochen wurde und obwohl mancher nackte Frauenkörper meine Blicke auf sich zog. Von all diesen Störungen wandte ich mich mühelos mit wachsamem Desinteresse ab. Sie waren vorhanden, und das akzeptierte ich, aber ich kümmerte mich nicht um sie.

Vor dem Schlafengehen saß ich zwei Stunden lang in meiner Wohnung. Danach schlief ich tief und traumlos. Den folgenden Tag verbrachte ich zu Hause nach dem Plan, den ich auch in der Hütte einhielt. Am Freitag arbeitete ich von morgens bis zum späten Nachmittag in der Tagesstätte und fühlte mich dabei genauso verunsichert wie am Mittwoch. Schließlich fuhr ich in die Hütte zurück, wo sich mein Zustand umgehend besserte. Hier konnte ich die Übung wieder ohne Irritationen durchführen.

15. Die letzte große Anstrengung

In den nächsten Tagen registrierte ich eine leichte Vergesslichkeit, hütete mich jedoch davor, mit Besorgnis zu reagieren. Nachts schlief ich zunehmend unruhiger, nahm das jedoch ebenfalls zur Kenntnis, ohne mir Sorgen zu machen. Außerdem bemerkte ich eine große Abneigung gegen die Gartenarbeit und sträubte mich auch dagegen nicht, sondern verzichtete auf die vertragsgemäße Erfüllung meiner Aufgaben. Stattdessen spielte ich Gitarre und genoss das. Jeden aufkommenden Gedanken an Aiolans mögliche Kritik verscheuchte ich, indem ich ihn innerlich mit „Gedanke!" benannte.

Am Dienstagabend kam der Zen-Lehrer zu mir in die Hütte, um mich nach den Fortschritten meiner Übung zu fragen.

„Ich habe zwei Probleme", sagte ich. „Erstens merke ich, dass es mir nicht möglich ist, täglich die versprochenen Stunden im Garten zu arbeiten."

„Das ist kein Problem", entgegnete er. „Du brauchst Zeit, um dich einzugewöhnen. Sei weniger streng mit dir. Du machst konsequent die Übung, das ist das Wichtigste."

Ich war verblüfft über seine Reaktion. Gleichzeitig erkannte ich wieder, wie weise und liebevoll, wie tolerant und großzügig Aiolan war.

„Außerdem fällt mir zur Zeit meine Arbeit in der Tagesstätte sehr schwer, und ich habe keine Freude mehr daran. Sie stört erheblich die Stille, die sonst in mir ist, und ich überlege, ob ich für die nächste Zeit Urlaub nehmen soll."

„Wenn du die Stille nicht im Lärm des Alltags finden kannst, musst du sie in den Lärm des Alltags hineintragen. *Suche* die Stille nicht in deiner Arbeit, sondern *verbreite* sie dort."

Wieder war ich von der Weisheit berührt, die der alte Zen-Lehrer aussprach, und wieder irritierte er mich, als er nun weitschweifig von seinem Leben zu erzählen begann.

Mittwochnachmittag blieb ich mit meiner sanften Aufmerksamkeit bei der gedankenleeren Stille, während die Leidenden über sich und ihr Befinden sprachen. Erstaunlicherweise konnte ich ihnen währenddessen genauso intensiv und einfühlsam zuhören, wie ich das gewohnt war. Ich erkannte, dass sich ihre Geschichten nicht wirklich von den Geschichten Aiolans oder anderer Menschen unterschieden, wenngleich ihr Leiden größer zu sein schien. Es handelte sich einfach nur um dramatische Geschichten, die sich in längst vergangener Zeit aus nicht realen Gedanken entwickelt hatten und nun kein Ende fanden.

Jeder von uns lebt in einer solchen Geschichte. Mancher von uns erhält die Gelegenheit, ihren gedanklichen Ursprung zu erkennen, und manchem wird die Möglichkeit geschenkt, eine neue Geschichte zu erfinden. Trotzdem bleibt es eine Geschichte. Auch meine, die durchaus freudvoll und erfüllend war, basierte auf einem Gedanken, dem ich Glauben schenkte. Er drehte sich um das Thema Erleuchtung.

Sehr sonderbar: dass alle
Wünsche und alle Ängste aus nichts
als Gedanken bestehen!

Unsere Wünsche kreisen um das, was wir haben wollen, und unsere Ängste kreisen um das, was wir nicht haben wollen. Beides ist im gegenwärtigen Augenblick nicht vorhanden. Vielleicht werden wir irgendwann bekommen, was wir uns wünschen. Vielleicht tritt irgendwann ein, wovor wir uns fürchten. Vielleicht – vielleicht auch nicht. Wir wissen es nicht, und wir brauchen uns hier und jetzt auch nicht mental darum zu kümmern, denn hier und jetzt ist es nicht real!

Am Freitag erlebte ich in der Tagesstätte wiederum nahezu konstante innere Stille und gleichzeitig tiefe Liebe für die Menschen dort. Obwohl ich wenig sprach, lebten einige von ihnen in meiner Gegenwart auf; ihre Augen begannen zu leuchten, und manchmal zeigte sich ein Lächeln.

Glücklich kehrte ich in die Hütte zurück und versank bei den beiden abendlichen Übungen jeweils im Samadhi: Ich, als der Wahrnehmende, verschwand vollkommen, und alle wahrnehmbaren Objekte verschwanden ebenfalls. Alles löste sich im leeren Nichts auf.

Am Samstag erwachte ich nach unruhigem Schlaf etwas desorientiert und brauchte für meine morgendlichen Verrichtungen länger als vorgesehen. Während der ersten Sitzeinheit konnte ich mich nicht konzentrieren, obwohl kaum Gedanken auftauchten. Im Laufe der nächsten Übung bemerkte ich nach einiger Zeit, dass ich völlig konfus war. Ich fand jedoch den Grund dafür nicht, weil mir für diese Überlegung keine Gedanken zur Verfügung standen. Es war völlig leer in mir.

Ich unterbrach die Übung vorzeitig, obwohl ich das eigentlich niemals tun wollte, und aß mein Müsli in der Hoffnung, danach wacher oder kraftvoller zu sein. Kaum hatte ich mich erneut hingesetzt, verfiel ich wieder in den unangenehmen Zustand. Als ich ihn untersuchte, stellte ich fest, dass ich durchaus wach und kraftvoll war, mich aber nicht auf die Übung konzentrieren konnte, obwohl mich nichts von ihr ablenkte. Das war sehr eigenartig. Trotzdem saß ich 60 Minuten, fühlte mich jedoch seltsam stumpf und wie benebelt.

Am Nachmittag bemerkte ich während der ersten Sitzeinheit, dass ich nicht wusste, was ich eigentlich machen sollte. Ich konnte mich beim besten Willen nicht mehr an den Ablauf der Übung erinnern. Also setzte ich mich an den Schreibtisch und versuchte, die einzelnen Schritte in Stichworten aufzuschreiben, wie ich sie seit Jahren nacheinander machte.

Ich musste immer wieder streichen und korrigieren, während ich die Liste notierte. Dann legte ich sie vor meinen Stuhl, setzte mich und blickte auf das erste Stichwort. Es sah sehr komisch aus und ergab keinen Sinn, aber ich versuchte trotzdem, mit der Übung zu beginnen.

Nach kurzer Zeit verlor ich völlig die Orientierung und wusste nicht mehr, was ich tat oder tun sollte. Wieder schaute ich auf den Zettel und wunderte mich sehr über die nächste seltsame Anweisung. Irgendwie schienen die Stichworte äußerst geheimnisvoll zu sein, sodass es unmöglich war, sie zu entschlüsseln. Wieder schweifte ich in eine stumpfe Verwirrtheit ab, aus der mich erst das Klingeln des Weckers befreite.

Ich atmete bewusst vor der Tür. Irgendetwas stimmte nicht! Aus irgendeinem Grund konnte ich mich nicht auf die Übung besinnen, während ich sie machte. Vielleicht war das ein Zeichen dafür, dass ich die Übung verändern sollte.

Lustlos blätterte ich in Swamijis Buch. Er hatte anfangs ein Mantra benutzt, um sich besser konzentrieren zu können, und ich versuchte es nun auch. Doch es hatte nur mäßigen Erfolg. Abends konzentrierte ich mich auf mein Herzzentrum, aber auch das fiel mir schwer. Immer wieder glitt ich in eine unergründbare Konfusion ab.

Die Orientierungslosigkeit hielt im Laufe der folgenden Tage während der Übung an. Nachts schlief ich äußerst unruhig und hatte fast ununterbrochen das Gefühl, halb wach zu sein. Tagsüber brauchte ich für meine alltäglichen Unternehmungen viel mehr Zeit, und ich vergaß viele Dinge. Allmählich begann ich, mir doch Sorgen um meinen Geisteszustand zu machen. Vielleicht wurde ich verrückt? So hatte ich mir die Auflösung meines Ichs nicht vorgestellt.

Allerdings verschwanden auch diese Gedanken in meiner generellen Abstumpfung.

Ich schilderte Aiolan meine miserable Verfassung, doch er schien umständlich und weitschweifig zu antworten. Schließlich merkte er, dass ich nichts mit seinen Worten anfangen konnte, und schlug mir vor, intensiv Unkraut zu jäten. Aber als ich das versuchte, stand ich nur konfus mit Eimer und Stechgerät herum und hatte den

Eindruck, dass dieser eigenartige Kiesweg zuvor niemals hier gewesen war.

Ich kehrte in die Hütte zurück und probierte, mich während der nächsten Übung auf meinen Atem zu konzentrieren. Das hatte stets zuverlässig alle Gedankenketten unterbrochen. Doch da waren überhaupt keine Gedanken in mir, die ich hätte unterbrechen können. Alles war still – aber nicht marmorn, sondern bleiern, und es machte mich nicht friedvoll, sondern konfus.

Am Mittwoch überlegte ich, ob ich mich krankmelden sollte, konnte jedoch die Telefonnummer der Tagesstätte nicht finden. Frustriert saß ich an meinem Schreibtisch, sah mein Tagebuch, schlug es auf und schrieb etwas hinein. Dieser Vorgang war überaus eigenartig, denn ich hatte weder überlegt, was ich schreiben wollte, noch überlegte ich während des Schreibens. Als ich die Zeilen dann las, hatte ich nicht den Eindruck, sie selbst geschrieben zu haben.

Auch die Frage nach
der richtigen Technik
ist nur ein Gedanke.

Dumpf begriff ich, dass das stimmte. Die Frage nach der richtigen Technik störte die Übung wie jeder andere Gedanke auch, dem ich Glauben schenkte. Was aber war der tiefere Sinn dieses Dreizeilers? Ganz offensichtlich funktionierte die alte Technik nicht mehr – aber wie sollte ich etwas Neues machen, ohne darüber nachzudenken?

In der Tagesstätte hielt meine Orientierungslosigkeit an. Außerdem verschwand immer wieder mein Körpergefühl, was meine Irritation noch verstärkte. Ich bewegte mich fahrig und unsicher, allerdings ohne die Angst, umzufallen. Angst verspürte ich überhaupt nicht, denn sie kann nur im Zusammenhang mit Gedanken entstehen. Ich war nur völlig konfus – ohne Gedanken.

Die Worte der Patienten schwebten an meiner stumpfen Benebelung vorbei und verstärkten das Gefühl von Unwirklichkeit.
Trotzdem empfand ich tiefes Mitgefühl diesen Menschen gegenüber und glaubte, ihre innere Haltlosigkeit und Konfusion auch in
mir zu spüren. Dieselbe Orientierungslosigkeit lag in ihren Ab-
gründen genauso wie in meinen.

Vielleicht ranken wir Menschen ein Ich um dieses Nichts, das
wir in Wirklichkeit sind, weil wir die Leere des eigenen Seins nicht
ertragen können? Und vielleicht leiden wir lieber an diesem illuso-
rischen Ich, als die Verlorenheit in unserer eigenen Tiefe spüren zu
müssen?

Den ganzen Donnerstag über saß ich zu Hause nahezu reglos in
meinem Stuhl und dämmerte vor mich hin. Mein Zustand verbes-
serte sich nicht.

Am Freitagabend weinte ich lange und herzzerreißend in der
Hütte über die Erkenntnis, dass ich mich absolut nicht von den
Menschen der Tagesstätte unterschied und dass uns nichts von all
den angeblich Gesunden unterscheidet: Wir *alle* fürchten zutiefst
die Leere unseres Ichs und unternehmen alles, um sie nicht spüren
zu müssen. Wir alle begehen jede Dummheit, auf die uns ein Gedanke bringen kann, auch wenn sie noch so schmerzhaft für uns
und unsere Mitmenschen ist – solange sie uns nur davor bewahrt,
zu erkennen, dass wir *nichts* sind: dass wir mit nichts aus dem Nichts
kamen und wieder mit nichts ins Nichts zurückkehren werden.

Aus Angst vor unserer Bedeutungslosigkeit fliehen wir in alle
Himmelsrichtungen und bemerken nicht, dass wir dabei lediglich
durch die Hölle kreisen.

In der Nacht träumte ich, auf der schmalen Plattform eines
hohen Turmes zu stehen. Die entsetzliche Tiefe unter mir ließ die
Energie in meinem Körper nach unten rutschen, sodass die Gefahr
bestand, dass ich abstürzte. Ich legte mich bäuchlings auf die Plattform, die etwa zwei Meter lang und schulterbreit war. Um nicht

15. Die letzte große Anstrengung

hinunterzufallen, krallte ich mich mit den Händen an ihr fest. Tief unter mir sah ich die Welt, und das verstärkte den energetischen Zug in meinem Körper.

Ich wachte auf und musste pinkeln. Als ich wieder im Bett lag, hielt das Energie-Phänomen weiterhin an, und irgendwie automatisch stellte ich mein Kopfkissen hoch, streckte mich auf dem Rücken aus und blickte in meinen Körper, beobachtete konzentriert das Geschehen. Ich spürte keine Angst, aber der Sog war enorm. Alle Versuche, mich zu entspannen, damit ich ihm folgen konnte, schlugen fehl. Es blieb bei dem energetischen Drängen nach unten, ohne dass der erlösende Fall folgte.

Dann plötzlich schwebte der Sog aus meinem Körper, breitete sich in alle Richtungen aus und verschwand. Eine große Ruhe erfüllte mich, und kurz darauf verschwand ich im Schlaf oder Samadhi.

Am Samstag versuchte ich, mit offenen Augen auf dem Stuhl zu sitzen und mich auf das Fenster meiner Hütte zu konzentrieren, um nicht in der Orientierungslosigkeit verloren zu gehen. Doch nach wenigen Augenblicken löste sich das Fenster aus meiner Konzentration. Ich sah es zwar noch, aber es hatte jede Bedeutung verloren. Ich wusste einfach nicht, warum ich es anstarrte, und befand mich wieder über längere Zeit in der Konfusion, ohne ihr entkommen zu können.

Dann gab sie mich plötzlich frei, sodass ich wieder bewusst handeln konnte. Sofort konzentrierte ich mich auf den Schreibtisch, doch nach kurzer Zeit verlor ich ihn ebenfalls und saß wieder in stumpfer Vernebelung vor mich hin, bis endlich der Wecker klingelte.

So konnte es nicht weitergehen!

Vor der Tür überlegte ich angestrengt, was zu tun sei, und begriff endlich, dass ich in der Orientierungslosigkeit nach einem Halt suchte. Ich beschloss, mich bei der dritten Sitzeinheit noch einmal auf meinen Atem zu konzentrieren. Anfangs schien das deutlich besser zu funktionieren als alles Bisherige. Ich beobachtete, wie er ein- und ausströmte. Der innere Raum wurde deutlich weiter und heller als in den Zuständen der Vernebelung. Auch meine Brust entspannte sich, und der Atem floss kraftvoll. Ich genoss diese Veränderung und glaubte, alle Schwierigkeiten seien behoben.

Dann verlangsamte sich der Atem und wurde zusehends flacher. Ich ahnte entsetzt, dass ich ihn verlieren würde wie alles andere bisher auch. Schließlich schien er stillzustehen. Jedenfalls verschwand er vollkommen aus meinem Blickfeld, und ich verlor wieder die Orientierung. Hilflos saß ich im Stuhl und fragte mich, was ich hier eigentlich tat oder tun sollte, und hockte bis zum Weckerklingeln im unklaren Nichts.

Auf dem Weg zum Dorf hatte ich mehrmals den Eindruck, dass der Bürgersteig vor meinen Füßen plötzlich entweder abfiel oder anstieg, als müsste ich eine Stufe nehmen. Doch wenn ich das tat, geriet ich aus dem Gleichgewicht, denn die Stufe entpuppte sich jedes Mal als Einbildung. Meinen Körper spürte ich schon seit Tagen kaum noch; das leichte Stolpern erschütterte immerhin die Wirbelsäule und gab mir wenigstens für kurze Sekunden das Gefühl, mich in einem Körper zu befinden.

Im Supermarkt bemerkte ich, dass ich die Schlagzeilen der Zeitungen nicht verstand. Ich sah zwar die Buchstaben und hatte den Eindruck, die Worte zu kennen, aber ich begriff ihren Sinn nicht. Ich stand regungslos vor der Auslage und starrte stumpfsinnig auf das Geschriebene.

Nachdem ich mich endlich davon lösen konnte, entdeckte ich an der Kuchentheke völlig unrealistische Preise. Ich wunderte mich sehr darüber und verlangte das billigste Stück, sollte nach Auskunft der Verkäuferin jedoch viel mehr bezahlen. Auch darüber wunderte ich mich. Trotzdem suchte ich geduldig nach Kleingeld in meinem

Geldbeutel, zählte die Münzen genau ab und reichte sie der Frau. Die zählte nach und gab mir mehrere Münzen zurück. Das verstand ich auch nicht.

Auf dem Rückweg stolperte ich mehrmals, und plötzlich wurde mir klar, dass etwas mit mir nicht stimmte. Nicht die Welt war seltsam geworden, sondern ich. Sofort schoss wieder der Gedanke durch meinen Kopf, ich würde verrückt werden, aber ich sagte innerlich: „Gedanke!", und er verschwand, bevor er Angst auslösen konnte.

Als ich mich nachmittags in den Stuhl setzte, wurde mir mein Zustand vom Vormittag wieder bewusst, und ich staunte darüber, dass ich trotzdem die Übung fortsetzen wollte. Allerdings fragte ich mich umgehend, *welche* Übung ich eigentlich fortsetzen sollte, denn mir fiel absolut nichts ein. Mir fiel nicht ein, was ich auf diesem Stuhl wollte oder sollte; ich hatte lediglich das Gefühl, dass es richtig war, auf ihm zu sitzen.

Das Wort „nichts" schwamm durch meine Benebelung. Hatte Silence gesagt, sie täte auf dem Kissen „nichts"?

Sofort wollte ich das probieren, denn ich ahnte darin eine Chance, endlich der Konfusion zu entkommen – aber wie machte man *nichts*?

Ich grübelte darüber nach, und die Zeit verging, und dann verlor sich die Frage wie einst das Mantra, das Fenster und mein Atem. Die haltlose Konfusion war wieder da, und irgendwie suchte ich in ihr nach dem Nichts-Tun und bemerkte plötzlich, dass die Konfusion schwarz war, vollkommen schwarz.

Niemals zuvor hatte ich beim Sitzen Licht oder Farben vor den geschlossenen Augen gesehen, und deshalb überraschte mich dieses Schwarz sehr. Es hatte nicht die geringste Ähnlichkeit mit dem Grau oder Schwarz, das man gewöhnlich bei geschlossenen Augen hinter den Lidern sieht – eigentlich war es keine richtige Farbe, sondern eher die Abwesenheit von Farbe.

Ich hatte nicht den Eindruck, mich auf diese Finsternis zu konzentrieren oder ihr auch nur meine Aufmerksamkeit zu schenken. Sie war einfach da, und ich beobachtete sie und nahm dabei die haltlose Desorientierung wahr, in der ich mich befand.

Als dann der Wecker klingelte, wunderte ich mich, dass die 60 Minuten schon vorbei waren.

Nach dem Abendbrot schaute ich während der beiden letzten Sitzeinheiten des Tages wieder in diese eigenartige Farb- und Lichtlosigkeit hinein. Während ich ins Bett ging, bemerkte ich, dass ich mich allem Anschein nach mit der Konfusion, der Orientierungslosigkeit, der Stumpfheit irgendwie arrangiert hatte und sie nur noch beobachtete.

War es das, was Silence gemeint hatte, als sie gesagt hatte, sie täte „nichts"?

In den folgenden Tagen schaute ich auf dem Stuhl jeweils auf genau dieselbe Weise in mich und meinen Zustand hinein. Ich tat nichts mehr mit ihm, wollte ihn weder haben noch nicht haben. Ich schaute nur zu. Das war weder anstrengend noch aufregend; es war völlig unspektakulär, ereignislos, profan.

Diese Finsternis!
Diese Finsternis!
Diese Finsternis!

Mein ver-rückter Zustand im Alltag hielt an, und in der Tagesstätte befürchtete ich, dass man ihn bemerken würde. Aber das schien nicht der Fall zu sein. Ich sprach und bewegte mich so wenig wie möglich und hütete mich davor, irgendetwas lesen oder schreiben zu müssen oder mit Geld zu hantieren.

Am folgenden Samstag schien das verwirrende Geschehen langsam abzuklingen. Die Welt nahm allmählich wieder ihre normalen Formen und Bedeutungen an. In der Nacht schlief ich zum ersten

Mal seit langem einigermaßen ruhig, und tatsächlich funktionierte am Sonntagmorgen alles normal. Ich nahm meinen Körper wie gewohnt wahr und konnte mich sicher bewegen, konnte Geschriebenes verstehen und verwechselte keine Zahlen mehr.

Liegt die Erlösung aus verwirrenden Geisteszuständen darin, dem Geschehen keine Bedeutung beizumessen? Kommt es darauf an, dass wir uns angstfrei unseren ver-rückten Zuständen ausliefern und nichts tun? Dürfen wir uns so lange von ihnen überwältigen lassen, bis sie von selbst verklingen?

Wenn das tatsächlich der Heilsweg für geistige Verwirrung ist, arbeitet nahezu die gesamte Psychiatrie in entgegengesetzter Richtung. Dann ist es kein Wunder, dass nur ein Bruchteil der Patienten dauerhaft geheilt wird.

Beim Einkaufen in der nahe gelegenen Konditorei, die auch sonntags geöffnet hatte, überfiel mich große Angst. Sie hatte kein Objekt, denn es gab nichts, wovor ich Angst hatte. Es war einfach nur Angst da, und das hatte ich noch nie erlebt.

Ich wehrte jeden Gedanken darüber, was mit mir geschah, durch „Gedanke!" ab, setzte mich auf den Bürgersteig, lehnte den Rücken gegen eine Hauswand und beobachtete die intensive Energiewelle in meinem Körper. Als sie verebbt war, erledigte ich meinen Einkauf, bemerkte dabei allerdings wieder eine gewisse Vergesslichkeit. Da es mir ansonsten gut ging, maß ich ihr wie gewohnt keine Bedeutung zu.

Schweigt der Verstand,
so stirbt die Angst,
und freies Bewusstsein entsteht.

Die nächsten drei Sitzeinheiten zeichneten sich wieder durch ständig zunehmende dumpfe Konfusion aus, und alle Übungen brach ich vor Ablauf der Zeit verwirrt ab.

Ich hockte in der Hütte und empfand einen tiefen Schmerz über mein vergangenes Leben. Ich hatte den Eindruck, es nicht wirklich ausgeschöpft zu haben, immer zu früh irgendetwas Neues begonnen zu haben, bevor das Alte wirklich abgeschlossen war. Das Gefühl, nur stümperhaft und dilettantisch durch all meine Jahre gegangen zu sein und nichts jemals erreicht zu haben, löste große Trauer in mir aus.

Wie gern wäre ich *wirklich lebendig, wirklich leidenschaftlich* gewesen!

Noch vor dem Abendessen verkroch ich mich in meinem Bett, ohne die letzten beiden Sitzeinheiten auch nur versucht zu haben – so war das lebenslang mit mir gewesen: Ich hatte immer alles zu früh abgebrochen!

Die Nacht war äußerst unruhig. Ich schlief nicht wirklich, lag nur halbwach herum und war nicht einmal dazu fähig, das Kissen an der Wand hochzustellen und mich dem Geschehen bewusst hinzugeben. Natürlich war das alles nur Popcorn, aber ich hatte nicht die Kraft, mich von ihm zu distanzieren.

Als der Wecker klingelte, kam ich nicht aus dem Bett, blieb weiter in Apathie liegen. Erst gegen Mittag stand ich auf und fuhr sofort nach Hause. Dort setzte ich mich vor den Fernseher. Die Filme rauschten an mir vorüber, während die Überzeugung, mein bisheriges Leben sinnlos vertan zu haben, weiter in meiner Psyche bohrte. Dieser idiotische Gedanke sah sehr real aus, und ich glaubte ihm.

Nach einigen Stunden fuhr ich zur Tankstelle und kaufte eine Flasche hochprozentigen Rum, mehrere Becher Kakao und eine Tüte Chips.

15. Die letzte große Anstrengung

Ich legte mich auf den Teppich vor die Flimmerkiste, trank einen Becher Kakao mit einem gehörigen Schuss Rum und leerte die Chipstüte. Doch das riesige Loch in mir und meinem Leben füllte sich nicht. Schließlich schwankte ich zu Fuß zur Tankstelle, kaufte Zigaretten und rauchte schon auf dem Heimweg gierig.

Am Dienstagmorgen wachte ich gegen sechs Uhr mit Kopfschmerzen, Übelkeit und schlechtem Gewissen auf. Ich lag noch immer vor dem Kasten, der weiterhin grelle Töne und Bilder über mich spuckte. Mir grauste vor dem Tag.

Ich war nicht in der Lage, die Zähne zu putzen oder zu duschen, geschweige denn, meine Körperübungen zu machen oder zu sitzen. Ich legte mich aufs Sofa und las stundenlang in einem alten Kriminalroman. Gelegentlich bemerkte ich, dass ich einfach nur las, ohne mich für den Inhalt zu interessieren. Dann versuchte ich, mich auf die Lektüre zu konzentrieren, und verlor mich bald darauf wieder im mechanischen Vorgang des Lesens.

Am frühen Nachmittag hatte ich das Buch durch und klappte es ohne jede innere Regung zu. Im selben Moment erinnerte ich mich an eine große Liebe meines Lebens und erkannte, dass sie unwiederbringliche Vergangenheit war. Ich empfand einen tiefen Stich in meinem Herzen und holte mir aus dem Kühlschrank einen Becher Kakao, goss Rum hinein und leerte ihn in zwei Zügen. Dabei war mir völlig bewusst, was ich tat und warum ich es tat: Ich wollte nichts mehr spüren, hatte genug.

Nur Minuten später merkte ich, dass der Alkohol zu wirken begann, und gleich darauf dachte ich an einen Klassenkameraden, der kurz nach dem Abitur an Leukämie gestorben war. Das Wissen, ihn nie wieder sehen zu können, zerriss buchstäblich mein Herz, obwohl er mir nicht besonders nahegestanden hatte. Ich begriff, dass ich direkt in das Wesen der Vergänglichkeit blickte und den Schmerz darüber empfand, dass die Zeit vergeht und alles auslöscht, was sie hinter sich lässt.

Ich kehrte zum Kühlschrank zurück und mischte den letzten Becher Kakao mit Rum, stürzte den Inhalt hinunter. Kaum hatte ich den Becher abgesetzt, roch ich einen Duft aus meinen frühsten Kindertagen. Ich wusste, dass ich ihn seit damals nie wieder gerochen hatte und nie wieder riechen würde und dass *alles* in meinem Leben genauso unwiederholbar vorüber war wie jener Duft.

Unter dieser Erkenntnis krümmte ich mich auf dem Sofa und verbrachte mehrere Stunden in lähmendem Entsetzen.

Gegen Abend entschloss ich mich, irgendetwas gegen dieses Entsetzen zu tun, aber anderes als Fernsehen fiel mir nicht ein. Stunden später ging ich zur Tankstelle, weil der Supermarkt bereits geschlossen hatte, und kaufte mir etwas zum Essen. Auf Alkohol verzichtete ich, da ich am folgenden Tag arbeiten musste.

Als ich zu Hause die Tüte auspackte, kamen Unmengen von Süßigkeiten und Salzgebäck zum Vorschein. Anscheinend hatte ich wahllos in die Regale gegriffen und Brot und Käse vergessen. Ich kehrte zur Tankstelle zurück und kaufte vorsichtshalber doch noch drei Becher Kakao und eine Flasche Rum; man konnte nie wissen.

Brot und Käse hatte ich wieder vergessen.

Mittwochmorgen meldete ich mich telefonisch in der Tagesstätte krank. Am Sonntag registrierte ich mehrmals, dass ich Freitag nicht gearbeitet hatte und auch nicht in die Hütte gefahren war, sondern immer noch zu Hause herumvegetierte. Ich trauerte über die Vergänglichkeit meines Lebens, während ich ununterbrochen fernsah und dabei Chips und Schokolade fraß, rauchte und soff.

In kurzen Augenblicken der Klarheit tauchte am Horizont ein gewaltig schlechtes Gewissen auf. Aber jedes Mal war ich auf der Hut, als ob eine Alarmglocke in mir schrillte, und brachte es mit „Gedanke!" sofort zum Schweigen. In mir existierte trotz allem die notwendige Gewissheit, dass ich mit meinem jetzigen Zustand unter keinen Umständen hadern durfte. Denn es bestand höchste Gefahr, dass er sich verfestigte, falls ich ihm Widerstand leistete.

Irgendwann schrieb ich auf die leere Verpackung von Eis-
waffeln:

In dieser Tiefe sind
Angst, Einsamkeit, Wehmut
ganz natürlich und gänzlich unbedeutend.

Montag erwachte ich vor Sonnenaufgang und spürte die Trauer
über die Vergänglichkeit am ganzen Körper. Automatisch stellte ich
das Kopfkissen hoch, legte mich auf den Rücken und spürte in
mich hinein.

Sofort wurde der Schmerz überwältigend, aber es gelang mir
trotzdem, mich von den begleitenden Gedanken zu distanzieren.
Ich entspannte mich atmend. Die Körperempfindung raste in mir,
und ich lieferte mich ihr beobachtend aus. Nach vielen Minuten
veränderte sie sich, wurde zu einem energetischen Wogen, und wieder erkannte ich, dass jede Emotion ausnahmslos nichts anderes ist
als eine starke Energiewelle, die sofort erträglich wird, wenn wir ihr
keinen Widerstand entgegensetzen.

Überall im Körper begann ein starkes Vibrieren und Fließen,
das nach einiger Zeit einen großen weiten Raum in mir oder um
mich herum öffnete. Dort wurde es allmählich ruhig und still. All
das beobachtete ich so aufmerksam wie möglich, bis sich ein Gefühl tiefen Friedens einstellte. Unmittelbar darauf verschwand alles im Samadhi, aus dem ich etliche Stunden später voller Glückseligkeit wieder auftauchte.

Ich ging zur Toilette, putzte mir die Zähne, duschte, machte
meine Lockerungsübungen, bereitete mein Müsli vor, schnitt mir
die Haare ab und rasierte meinen Schädel.

Dann saß ich dreimal für jeweils 60 Minuten. Die Finsternis
war verschwunden; in mir war buchstäblich *nichts*. Mal nahm ich
dieses Nichts wahr, mal glitt ich in den ichlosen Zustand der Medi-

tation, mal löste sich alles im Samadhi auf. Ich tat währenddessen nichts. Eigentlich beobachtete ich das Geschehen auch nicht mehr. Es zog einfach an meinem wachen Bewusstsein vorüber.

Nach Ablauf der drei Stunden packte ich meine Tasche und fuhr in die Hütte. Ich aß gedankenleer unter dem Vordach mein Mittagessen und hatte dabei wiederum den Eindruck, *nichts* zu tun. Ohne mir den Wecker zu stellen, legte ich mich zum Mittagsschlaf und schlief bis zum frühen Abend. Anschließend ging ich zu McDonald's.

Alles war gut so, wie es sich im Augenblick gerade zeigte. Die laue Luft war wundervoll, die Menschen waren wundervoll, das Leben war wundervoll. Natürlich war jeder Augenblick im nächsten Augenblick unwiederbringlich vergangen und vorbei. Aber auch das war gut und völlig richtig so, denn der nächste Augenblick trat ja unmittelbar darauf in Erscheinung.

Vor dem Schlafengehen saß ich 60 Minuten im Stuhl auf der Terrasse vor meiner Hütte, aber das unterschied sich nicht im Geringsten von dem Sitzen im Restaurant: Ich saß einfach in einem Stuhl, wie ich auch bei McDonald's in einem Stuhl gesessen hatte. Dass ich jetzt nach wenigen Augenblicken im Samadhi verschwand, war das einzig Ungewöhnliche.

Hamburger, Pommes rot-weiß, Cola,
Erdnüsse, Schokolade, Zigaretten,
Abendnebel, Glühwürmchen, Samadhi.

16.
Das verborgene Bewusstsein

Der Mensch verfügt über körperliche und psychische Eigenschaften; er ist ein psychosomatisches System. Im Zusammenspiel von Sinnesorganen und Gehirn hat dieses System die Fähigkeit, Wahrnehmungen zu machen: Es kann sehen, hören, tasten, schmecken und riechen. Außerdem kann es denken, fühlen, intuitiv begreifen sowie sprechen und handeln. All diese Funktionen (und noch viele andere) sind so lange im Einsatz, bis das System erkrankt oder stirbt.

Umgeben von acht Milliarden anderer Systeme, die genauso funktionieren, wandert es über die Erde. Interessant dabei ist, dass *jedes* dieser Systeme davon überzeugt ist: „Ich bin hier drinnen, und alle anderen sind da draußen in der Welt!" Es erhebt sich selbst zum Subjekt, zum Wahrnehmenden, und degradiert die übrigen zu wahrnehmbaren Objekten. Dabei übersieht es völlig, dass es von den anderen und sogar von sich selbst ebenfalls wahrgenommen wird – es ist also auch nur ein Objekt wie alles andere in der Welt.

> ● **Wenn alle Lebewesen, Dinge und Ereignisse wahrnehmbare *Objekte* sind, wer oder was ist dann das wahrnehmende *Subjekt*?**

Heilige, Weise und Poeten, die mit jenem Subjekt in Kontakt kamen, versuchen seit Urzeiten, es zu beschreiben – und scheitern an dem Versuch. Gern reihe ich mich in den Chor jener stummen Sänger ein, um ihr Scheitern ebenfalls zu erfahren.

Wenn das psychosomatische System, das unseren Namen trägt, einen Baum anschaut, scheint die Dreiheit von Subjekt-Prädikat-Objekt gegeben zu sein. In Wirklichkeit existiert jedoch im Verborgenen noch ein Viertes. Dieses Vierte nimmt die Tatsache zur

Kenntnis, dass jenes System einen Baum anschaut, und verwandelt damit das vermeintliche Subjekt in ein Objekt: Kenntnisnahme-Objekt-Prädikat-Objekt.

> **Immer, wenn wir wahrnehmen, denken, fühlen, intuitiv begreifen, sprechen oder handeln, nimmt ein Etwas *zeitgleich* zur Kenntnis, dass wir gerade die entsprechende Funktion ausüben.**

Dieses geheimnisvolle Etwas nennen die stummen Sänger „Gott", „die Seele" oder „das Selbst"; „Geist", „das Bewusstsein" oder „der innere Beobachter"; „die unbewegte Flamme des Erkennens", „das Licht der Welt" oder „der unbefleckte Spiegel"; „die Wahrheit", „das Leben" oder „die Realität" u. a. m.

Aufgrund meiner individuellen Annäherungsweise an dieses Vierte bezeichne ich es als „Bewusstsein", „bewusstes Sein" oder „bewusst *sein*". Alles, was ich darüber aussage, ist schlichtweg falsch. Denn wie könnten Gedanken und Worte dasjenige beschreiben, das nur erfahren wird, wenn Gedanken und Worte schweigen? Und wie könnte der Verstand des Lesers dasjenige verstehen, das nur in Erscheinung tritt, wenn der Verstand stillsteht?

> **Bewusstsein ist die Instanz, die wie ein ewiger stiller Beobachter ununterbrochen zur Kenntnis nimmt, was lebenslang während unseres Wachzustandes, unseres Träumens und unseres Tiefschlafs geschieht.**

Wenn wir wach sind, registriert das Bewusstsein jede unserer Wahrnehmungen, jeden Gedanken, jedes Gefühl, jedes intuitive Begreifen, jedes unserer Worte und jede unserer Handlungen. Wenn wir

16. Das verborgene Bewusstsein

träumen, nimmt das Bewusstsein alle Trauminhalte zur Kenntnis, und wenn wir schlafen, bemerkt es die Abwesenheit aller erfahrbaren Objekte: das Nichts, die Leere.

● **Bewusstsein ist konstant vorhanden, während unsere jeweiligen Zustände wechseln. Es bleibt einfach nur wach und unverändert.**

Von Geburt an wird unsere Aufmerksamkeit auf den Menschen gelenkt, der unseren Namen trägt. Wir werden gerufen, gelobt und getadelt. Bald richtet sich unser ganzes Interesse nur noch auf dieses psychosomatische System und seine Erfahrungen, auf seine Vergangenheit und seine Zukunft. Bereits ab dem dritten Lebensjahr halten wir uns für eine bestimmte Person. Deshalb verlieren wir jenes bewusste Sein fast völlig aus den Augen, obwohl es stets gegenwärtig ist – unabhängig davon, was das System mit unserem Namen gerade wahrnimmt, denkt, fühlt, begreift, sagt oder tut, und unabhängig vom körperlichen Zustand.

Bewusstsein ist der wissende Hintergrund, vor dem sich das psychosomatische System, dessen Funktionen und Erfahrungen abzeichnen. Bewusstsein ist das Licht, das alle Erscheinungen sichtbar werden lässt.

Dieses bewusste Sein ist vollkommen unpersönlich, d. h. es hat nicht das Geringste mit dem Menschen zu tun, der irrtümlicherweise meint, *er* sei bewusst. Bewusstsein ist nicht an das Ich-Gefühl gekoppelt – es registriert lediglich das Ich-Gefühl in allen Menschen. Bewusstsein ist auch nicht in einem Körper eingesperrt wie in einem Banktresor. Es befindet sich gleichzeitig innerhalb und außerhalb eines jeden Körpers. Es ist überall und deshalb nicht lokalisierbar.

Wer das jetzt liest, hat den Eindruck: „Ich lese das jetzt." Dieser Eindruck entspricht vollkommen unserer ganz alltäglichen Illusion. Realität ist: „Ein Raum wird registriert und jemand, der liest. Ebenfalls wird registriert, dass dieser jemand sich jetzt wundert."

● **Gemeinsam mit allen anderen Objekten befindet sich der Mensch unseres Namens in einem gigantischen Bewusstseins-Feld, das immer und überall vorhanden ist.**

Bei der Übung, gedankenleer bewusst zu sein, trennen wir unser vermeintliches Ich vom Wahrnehmen und machen in der Meditation die Erfahrung, dass bewusstes Sein existiert, ohne dass ein Ich-Gefühl vorhanden ist. Genau diese Erfahrung machen viele Menschen in Grenzsituationen, z. B. in großer Gefahr: Ihr Denken setzt aus und das Ich-Empfinden verschwindet. Sie haben das Gefühl, ihren Körper zu verlassen und von außen zu beobachten, was mit ihm geschieht.

Das Bewusstsein löst sich von *jenem Menschen* und nimmt sich selbst als registrierendes Bewusstsein wahr, in dem sich *jener Mensch* befindet. Es nimmt *jenen Menschen* als Objekt wahr und ebenfalls alles, was ihm geschieht – natürlich auch die Gedanken und Emotionen, die in ihm aufsteigen.

Wer das einmal erlebt hat, berichtet von dem Gefühl unendlichen Friedens und größten Wohlbehagens. Die absolute Gewissheit, nicht *jener Mensch* zu sein und niemals *jener Mensch* gewesen zu sein, ist überwältigend.

Die Rückbesinnung auf das psychosomatische System wird oft nur ungern vollzogen und als große Einengung erlebt. Aber nach jener Erfahrung empfindet der Betreffende niemals wieder Angst vor dem Tod. Stattdessen sehnt er sich danach, am Ende seines Lebens erneut und nun für immer von seinem Körper und seiner Persönlichkeit gelöst zu werden. Die noch verbleibenden Jahre lebt er in der Gewissheit: „Ich bin *nicht* dieser Körper und *nicht* diese

Person. Ich bin das Bewusstsein, in dem dieser Körper und diese Person erscheinen und wahrgenommen werden."

> **„Dieser Mensch hier" ist wie „jene Welt dort" eine Erscheinung *innerhalb* des Bewusstseins, und beide werden vom Bewusstsein als Objekte wahrgenommen.**

Bewusstsein kann sich in zwei Zuständen befinden: in Ruhe oder in Bewegung. Wenn es ruht, nennen wir es reines, leeres oder absolutes Bewusstsein. Wir kennen es vom Samadhi oder vom Tiefschlaf. Dort existiert nur Wahrnehmen ohne unser Ich, das wahrnimmt, und ohne Objekte, die wahrgenommen werden. Das Bewusstsein ist rein, d. h. leer von allen Inhalten, absolut (ohne etwas anderes) und bewegungslos. Es ruht.

Bewusstsein in Ruhe ist der Urgrund allen Seins. Es ist vorhanden, *bevor* Objekte in ihm erscheinen. Unbewegtes Bewusstsein ist latente Möglichkeit – also das, woraus alle Materie in ihrem Innersten besteht, bevor sich Energie bewegt.

> **Die Ursubstanz des gesamten Universums besteht lediglich aus latenten Möglichkeiten, aus noch unmanifestiertem Potenzial.**

Unbewegtes Bewusstsein trägt in sich die Tendenz zur Bewegung, denn Bewusstsein drängt seinem Wesen entsprechend danach, Wahrnehmungen zu machen. Natürlich bereitet ihm das besonderes Vergnügen, wenn Objekte in Erscheinung treten, die es bewusst zur Kenntnis nehmen kann. Deshalb erschafft das unbewegte Bewusstsein jene Objekte aus seiner eigenen Kreativität heraus *von selbst* und wird somit tätig, gerät dadurch in Bewegung.

Eine Ahnung von der Kreativität des Bewusstseins erhalten wir im Zustand der Meditation. Im gedankenleeren Beobachten, das nichts anderes als bewusstes Sein, also Bewusstsein ist, erscheinen die unterschiedlichsten Objekte: Einzel-Gedanken und Kurz-träume, Körper- und Energie-Phänomene, Geistesblitze und vieles andere mehr. Ganz offensichtlich steigt all das aus dem Bewusstsein auf.

Diesen Schöpfungsakt erleben wir nicht nur während der Meditation, sondern auch während des Träumens. Und er findet auch im Wachzustand des Alltags ununterbrochen in uns und um uns herum statt: Überall und in jedem Augenblick kreiert das Bewusstsein neue Objekte und verbindet sie miteinander. Bewusstsein ist im höchsten Maße intelligent, wenn es darum geht, Bewusstseins-Inhalte, die sich entsprechen, zu verbinden, also z. B. bestimmte Menschen mit bestimmten Objekten oder bestimmten Ereignissen zusammenzuführen.

> ● **Bewusstes Sein verfügt über drei Eigenschaften: Es ist bewusst, kreativ und intelligent. Im Zustand der Ruhe sind Kreativität und Intelligenz nur latent vorhanden; im Zustand der Bewegung treten sie in Aktion.**

Unbewegtes Bewusstsein können wir das noch Ungeschaffene nennen, das in sich ruhende Potenzial aller Möglichkeiten, Gott, den Urgrund, die Quelle oder die Einheit, Nicht-Zweiheit. Wenn es sich bewegt, erschafft es durch die freigesetzte Bewegungs-Energie einzelne Objekte, verbindet sie miteinander und nimmt sie zeitgleich beobachtend zur Kenntnis.

Bei der Untersuchung der menschlichen DNA findet man zwischen den Genen dunkle Abschnitte, die *leer* sind und also für die Übertragung der Erbinformation keine Rolle spielen. Niemand weiß, warum diese leeren Stellen, dieses Nichts dort vorhanden ist. Wir Sucher allerdings ahnen, dass dieses Nichts *Bewusstsein im Ruhezustand* ist. Es wartet nur darauf, in Bewegung zu geraten und die latenten Möglichkeiten auszunutzen, die in ihm schlummern. Auf diese Weise werden Objekte erschaffen, die dann selbstverständlich ebenfalls Bewusstsein haben – genauer gesagt: Sie *sind* dann Bewusstsein. Denn wie ein Hund nur Hunde zeugen kann, so kann Bewusstsein nur Bewusstsein zeugen. Und ein Hund *hat* keinen Hund, ein Hund *ist* ein Hund.

- **Wir *haben* nicht Bewusstsein – wir *sind* Bewusstsein.**

Wir sind Bewusstsein in menschlicher Form. Tiere sind Bewusstsein in tierischer Form. Pflanzen sind Bewusstsein in pflanzlicher Form. Minerale sind Bewusstsein in Mineralform. Atome sind Bewusstsein in Atomform. Energie ist Bewusstsein in Form von Bewegung. Es gibt nichts anderes als Bewusstsein und nichts außerhalb von Bewusstsein.

- **Überall ist bewusstes, intelligentes, kreatives Sein – und auch wir sind das.**

Im Alltag identifizieren wir uns mit unserem Körper und unserer Persönlichkeit und halten diesen Menschen, der lediglich als Objekt in der Wahrnehmung auftaucht, für das Subjekt, das wahrnimmt. Demzufolge scheinen wir klein, begrenzt und sterblich zu sein. Im Laufe unserer Übung erfahren wir immer deutlicher, dass dieses psychosomatische System nur ein Objekt ist wie alles andere auch und dass *wir* keineswegs dieses Objekt sind.

Auf der Ebene der Realität, die direkt hinter unserem illusionären Ich-Gefühl liegt, sind wir *Bewusstsein*, das niemals auf eine Person angewiesen ist, um Wahrnehmungen zu machen. Es nimmt lediglich zur Kenntnis, dass jener Mensch, der unseren Namen trägt, Wahrnehmungen macht, spricht und handelt, denkt, fühlt und begreift.

Wir ahnen, dass auch nach dem Tod dieses Körpers und nach der Auflösung der Ich-Persönlichkeit selbstverständlich weiterhin Bewusstsein existiert. Dieses Bewusstsein, *das wir sind*, ist ewig, unbegrenzt, friedvoll und glückselig. Es kreiert in jedem Augenblick Neues und verbindet all seine Schöpfungen auf überaus intelligente Weise miteinander.

Bei der Selbst-Erkenntnis, nach der wir streben, geht es niemals darum, irgendetwas zu werden, denn wir alle sind bereits das, was wir suchen: Bewusstsein – mal in Ruhe und mal in Bewegung. Wenn wir nach unserem wahren Selbst suchen, sucht Bewusstsein also Bewusstsein.

Wie kann ein Schlüssel sich selbst verlieren? Und was würden wir angesichts eines Schlüssels tun, der uns mitteilt, dass er sich nun entschlossen auf die Suche nach sich selbst begeben wird? Wir würden ihm sagen, dass er sich niemals finden kann, solange er glaubt, sich verloren zu haben.

Das Ziel unserer Übung kann deshalb kein grandioses spirituelles Erwachen in ferner Zukunft sein, sondern nur darin bestehen, im gegenwärtigen Augenblick wach zu bleiben: *bewusst* bewusst zu sein, statt im mentalen Gefängnis vor uns hin zu dösen.

Eines Tages wird dann das Bewusstsein durch uns Sucher sich selbst erkennen – denn es ist nichts anderes vorhanden. Das, was gesucht wurde, ist das, was gesucht hat.

Wir können begreifen, dass *uns* diese Erfahrung nicht geschenkt wird, denn *uns* gibt es in ihr nicht. Während der Erleuchtung erkennen nicht *wir* irgendetwas, sondern Gott, der Urgrund oder das Bewusstsein erkennt sich selbst.

„Das bin ich", sagt dann das Große Mysterium, während es einen Schmetterling betrachtet, einen Wasserfall, den Menschen mit unserem Namen oder eine Blume.

Das sind wir immer gewesen und werden wir immer sein. Ob wir es nun Gott nennen, das wahre Selbst, den Urgrund des Lebens, das Bewusstsein, das ultimative Subjekt oder wie auch immer: Das Eine und Einzige lebt in uns als das, was wir in jedem einzelnen Augenblick gerade sind.

Und eines Tages erkennt es uns als sich selbst.

Die sieben Tage, die ich zu Hause in Apathie verbrachte, erschütterten mein bisheriges Ich-Empfinden völlig. Entscheidend war, dass ich mich nicht gedanklich mit dem verrückten Zustand beschäftigte, sondern jede diesbezügliche Angst mit „Gedanke!" entlarvte und fallen ließ.

17.
Die erste große Erleichterung

Sobald wir nicht mehr gezwungen sind, in irgendeiner blödsinnigen Weise auf Ängste zu reagieren, bröckelt unsere Identifikation mit dem vermeintlichen Ich. Indem wir der Angst nicht glauben, sondern nur noch beobachten, wie sie als Energiewelle durch unseren Körper fließt, entwurzeln wir das Ich-Empfinden und tauchen in den großen ichlosen Raum des freien Bewusstseins ein.

Wenn seit dem Beginn meiner Desorientierung irgendetwas falsch gewesen wäre, die Völlerei bei McDonald's oder das anschließende Naschen und Rauchen, dann wäre ich nicht beim Sitzen auf meiner Terrasse unmittelbar in Samadhi geglitten. Ich hätte das Falsche erst berichtigen müssen, mich nach alten spirituellen Regeln zuerst reinigen und erneut vorbereiten müssen, um der Gnade wieder würdig zu sein.

Aber all diese Regeln sind absoluter Unfug – leider erkennen wir das erst, nachdem wir sie lange genug befolgt haben.

Ängstlicher Verstand
erzeugt Regeln und Zwänge:
Barrikaden.

Jede Anstrengung ist ein Hinweis darauf, dass wir mit dem, was im gegenwärtigen Augenblick tatsächlich vorhanden ist, nicht einverstanden sind. Dies trifft sowohl auf unsere weltlichen Unternehmungen zu, als auch auf unsere spirituellen.

Wie oft hatte ich im Laufe meines Lebens versucht, anders zu sein, als ich jeweils gewesen war! Wie oft war ich an diesem Versuch kläglich gescheitert und hatte mir Vorwürfe gemacht, versagt zu haben! Und wie oft hatte ich versucht, die Umstände meines Lebens zu verändern, und war daran ebenso gescheitert!

Immer hatte ich den Eindruck gehabt, mich nicht genug bemüht zu haben. Aber niemals war ich auf die Idee gekommen, dass alles in jedem Augenblick richtig war, sich ohnehin nicht ändern ließ und auch nicht geändert werden musste. Niemals hatte ich erkannt, dass sich nur mein Verstand gegen das auflehnte, was tatsächlich vorhanden war.

> *Der Verstand weiß alles besser –*
> *ohne Konsequenzen,*
> *außer schlechtem Gewissen!*

Am Dienstagmorgen nahm ich mein Einsiedlerleben in der Hütte wieder auf. Statt während des Sitzens jedoch einen inneren oder äußeren Halt zu suchen, beobachtete ich lediglich Finsternis, Orientierungslosigkeit und Konfusion. Meine Wahrnehmung beinhaltete ausschließlich diesen inneren Zustand und das bewusste Sein, welches ihn registrierte. Dabei nahm ich weder meinen Körper noch Außengeräusche oder irgendetwas anderes wahr, aber von Sitzeinheit zu Sitzeinheit schien ich wacher, bewusster zu werden.

In der Mittagspause telefonierte ich mit dem Leiter der Tagesstätte und bat um unbefristeten Urlaub.

Am Donnerstag veränderte sich das Geschehen dramatisch. Nach dem Hinsetzen waren wie gewohnt Finsternis, Orientierungslosigkeit und Konfusion erschienen. Vollkommen unerwartet verschwanden sie jedoch, als brächen sie in sich selbst zusammen, und ein großer leerer Raum blieb übrig. Es war unmöglich zu unterscheiden, ob er sich in mir befand oder ich mich in ihm. Eine

Grenze zwischen Innen und Außen existierte nicht. Während ich mich noch darüber wunderte, schoss plötzlich ein stechender Schmerz durch mein linkes Kiefergelenk, und der große leere Raum verschwand.

Sofort machte ich den Schmerz zum Objekt meiner gedankenleeren Konzentration. Er nahm ständig an Umfang zu, als vergrößerte sich die schmerzende Stelle erheblich. Das dauerte etliche Minuten. Dann breitete sich der Schmerz allmählich über die gesamte Wange aus, als zerflösse er, und wurde schließlich zu angenehmer Wärme. Ich hatte das Geschehen genau beobachtet und richtete meine Aufmerksamkeit nun auch auf die Wärme. Kurz darauf öffnete sich wieder der große leere Raum, in dem keinerlei Erfahrung mehr stattfand.

Dasselbe Geschehen wiederholte sich während der folgenden drei Tage ständig, und ich erkannte, dass Schmerz nur eine größere Form von Gedanken ist. Er findet *nicht* im Körper statt, sondern als Energiewelle im Bewusstsein. Der Verstand projiziert sie auf den Körper – und erst dann tut es weh! Wenn die schmerzende Körperstelle gedankenleer beobachtet wird, zieht sich der Schmerz aus ihr zurück, wird genau wie eine Emotion wieder zu einer Energiewelle im Bewusstsein und löst sich dann auf.

Alles deutet darauf hin, dass Gedanken, Emotionen und Schmerzen lediglich Objekte sind, die im Verstand erschaffen werden, damit sich das vermeintliche Ich spüren und lebendig fühlen kann. Deshalb lösen sie sich allesamt auf, wenn sie gedankenleer beobachtet werden; sie verwandeln sich zurück in das, was sie eigentlich sind: bewegte Energie, die im weiten Raum des Bewusstseins tanzt.

Seit Montagvormittag tat ich auch außerhalb der Übung *nichts*. Bisher hatte ich versucht, stets und ständig an der gedankenleeren Stille festzuhalten. Nun beobachtete ich im Alltag nur noch, wie die Gedankenleere kam und ging. Ich schaute dem Wechsel zwischen ihr und meiner gedanklichen Beschäftigung mit mir und der Welt zu, ohne einzugreifen. Daran konnte nichts falsch sein, denn das nichtswollende bewusste Sein war auch bisher immer die Lösung aller Probleme gewesen.

Am Freitagabend sollte ein siebentägiges Sesshin unter der Leitung eines Roshis beginnen, der als erleuchtet galt. Ich war einerseits neugierig, ihn kennen zu lernen, hatte andererseits jedoch wenig Lust, mich sieben Tage lang mit Sitzeinheiten von nur 25 Minuten abzugeben.

Wieder einmal war eine Entscheidung gefragt, aber diesmal ging ich anders an die Qual der Wahl heran: Ich umging sie. Ich wusste nicht, ob mir das Sitzen mit dem Roshi etwas bringen würde oder nicht. Doch statt das Für und Wider gegeneinander abzuwägen, beendete ich sofort alle diesbezüglichen Gedanken, wann immer sie auftauchten. Stattdessen blickte ich beobachtend in meine Unentschiedenheit hinein, ohne irgendeine Erlösung zu erwarten.

Als ich den Roshi dann Freitagmittag zum ersten Mal sah, fiel die Entscheidung ohne jedes vorherige Nachdenken sofort. Sie stieg aus der unmittelbaren Klarheit auf, die plötzlich von selbst entstanden war.

Entscheidung ist niemals
Ergebnis von Denken –
Entscheidung taucht auf.

Falls wir bereit sind, die Unentschiedenheit so lange hinzunehmen, wie sie andauert, werden wir erleben, dass Unklarheit sich zur rechten Zeit von selbst in Klarheit verwandelt: Ohne vorheriges Denken taucht dann eine situationsgerechte Entscheidung als Handlungsimpuls in uns auf.

Das ständige Grübeln und Nachdenken ist absolut überflüssig, weil jede Entscheidung von selbst geschieht, völlig unabhängig von all unseren vorausgegangenen Überlegungen.

Denken löst niemals
Probleme – Denken
erschafft Probleme.

Ich saß auf meinem gepolsterten Stuhl im Zendo und überragte die anderen etwa 40 Schüler sowie den Roshi um einiges. Die Koan-Technik, die er empfohlen hatte, interessierte mich nicht. Ich hatte meine eigene: still sitzen, bewusst sein und nichts tun.

Wir saßen täglich zwölf Stunden. Sowohl am Vormittag als auch am Nachmittag fand in einem angrenzenden Raum Dokusan statt, ein kurzes Einzelgespräch mit dem Roshi. Beim ersten Mal verneigte ich mich tief, wie es die Rituale geboten. Als ich dann ihm gegenüber auf dem Boden saß, fragte er mich in englischer Sprache:

„Felix, wie geht es dir mit deiner Übung?"

Er kannte meinen Namen – offensichtlich hatte Aiolan ihm erzählt, dass ich „der Mönch" sei, der in der Hütte lebte und eifrig meditierte. Aiolan mochte mich und war stolz auf mich, obwohl ich mich eine Woche lang nicht hatte blicken lassen.

„Danke, sehr gut", antwortete ich.

„Hast du eine Frage zu der Übung?"

„Nein."

„Dann mach so weiter."

Der Roshi verneigte sich vor mir, ich verneigte mich vor ihm, und das Dokusan war beendet. Ich kehrte auf meinen Stuhl im Zendo zurück.

Beim nachmittäglichen Dokusan fragte mich der Roshi:

„Felix, machst du Fortschritte mit deiner Übung?"

„Ja."

„Hast du eine Frage?"

„Nein."

„Dann mach so weiter."

Dieser Roshi gefiel mir. Er sah würdevoll und wissend aus. Seine knappe Gesprächsführung, die ich als angemessen empfand, ließ keinerlei Ichbezogenheit erkennen. Sie vermittelte mir trotz aller Kürze den Eindruck, dass ihm mein Wohl genauso am Herzen lag wie das seiner langjährigen Schüler. Außerdem hatte ich gelesen, dass er sich in seinem Heimatland für das Wohl und die Interessen elternloser Kinder einsetzte. Fürs Erste war ich von ihm beeindruckt.

Nach dem Abendbrot, das ich wie alle übrigen Mahlzeiten allein in der Hütte einnahm, fiel mein Blick auf den angrenzenden Wald. Er schien sich zu bewegen. Alles tanzte in sanftem Schwingen, als sähe ich für einen Augenblick die Atome und Moleküle der Bäume, Äste, Blätter, Büsche und Gräser in ihrem unendlichen energetischen Kreisen. Auch die Luft schien atomar zu vibrieren. Alles war verzaubert, und ich hatte den Eindruck, die Welt endlich so zu sehen, wie sie wirklich ist.

Stille – und der Wald
fließt atmend.
Erstaunen – und vorbei.

Im Zendo durchzuckte mich ein ekstatischer Erkenntnisblitz:

Die ganze Welt und jedes einzelne Objekt in ihr ist in Wirklichkeit nur ein Spiel tanzender Energie. Alles, was ist und wahrgenommen werden kann, wir selbst und alles in uns und um uns herum, besteht aus Energie in Bewegung. Nur der Verstand interpretiert diese tanzende Energie als Baum oder Auto, als Gedanken, Emotionen oder Körperempfindungen. In Wahrheit gibt es all diese Objekte nicht. In Wirklichkeit existiert nur das unendliche Spiel einer einzigen tanzenden Energie, die als unterschiedliche Objekte interpretiert wird.

Das Eine fließt und tanzt –
aber der Verstand macht Unterschiede
und identifiziert Objekte.

Nach der Verneigung fragte mich der Roshi beim nächsten Dokusan:

„Felix, wie kommst du mit deiner Übung voran?"

„Ausgezeichnet! Ich habe erkannt, dass alles nur aus einer einzigen tanzenden Energie besteht, die jedoch von unseren Gedanken als unterschiedliche Objekte interpretiert wird."

„Manchmal hilft ein Koan", sagte er. „Ich geb dir eins: Wie kannst du den Klang von Kirchenglocken stoppen?"

Er verneigte sich. Das Dokusan war beendet.

Ich war völlig verblüfft. Denn zum einen hatte ich sicherlich keinen hilflosen Eindruck gemacht; zum anderen wollte ich kein Koan. Wie um alles in der Welt kam der Roshi darauf, mir mit einem Koan *helfen* zu wollen?

Ein Koan ist eine Frage, auf die es keine logische Antwort gibt. Wenn der Schüler wochenlang über des Rätsels Lösung nachdenkt, kapituliert irgendwann der Verstand. Gedankenleere tritt ein, und in ihr erscheint die kreative intelligente Antwort. Bevor es dazu kommt, muss der Schüler beim täglichen Dokusan alle bisher gefundenen Antworten mitteilen, die jedes Mal vom Roshi verworfen werden. Sobald die präsentierte Lösung ein Ergebnis des kreativen intelligenten Bewusstseins ist und nicht ein Ergebnis des Denkprozesses, wird sie akzeptiert. Der Schüler bekommt daraufhin das nächste Koan.

Ich war nie an Koans interessiert gewesen, aber auf meinem Stuhl begann ich trotzdem gehorsam darüber nachzudenken, wie

17. Die erste große Erleichterung

ich den Klang von Kirchenglocken stoppen konnte. Nach wenigen Augenblicken standen meine Gedanken still, und ich befand mich wie gewohnt in dem friedvollen Zustand der Gedankenleere. Dann realisierte ich, dass gar keine Kirchenglocken läuteten. Warum sollte ich überlegen, wie ich ihren Klang stoppen konnte?

Ich musste laut auflachen und verstieß damit gegen das Ruhegebot im Zendo. Aber es war urkomisch, dass sich ein Koan *nicht* von irgendeinem anderen Problem unterscheidet, mit dem wir Menschen uns herumschlagen: Außer in unseren Gedanken existiert es überhaupt nicht!

„No koans, no problems", dachte ich, bemerkte aber, dass es sich hierbei um einen Gedanken und deshalb nicht um die Lösung handelte.

Plötzlich hörte ich Vogelstimmen, die durch die geöffneten Fenster ins Zendo klangen. Sofort standen die Worte „No bells – just birds!" (Keine Glocken – nur Vögel) in meinem Bewusstsein. Dann bemerkte ich in der gedankenleeren Stille, dass die Vögel aufhörten zu singen und es draußen still wurde.

Ich beobachtete gedankenleer die äußere und die innere Stille. Nach einigen zeitlosen Minuten stach ein Schmerz in meine Hoden, und augenblicklich waren da die Worte „No bells – just balls!" (Keine Glocken – nur Eier).

Wieder musste ich laut auflachen. Meine Eier waren da; ganz zweifellos. Aber nirgendwo waren Kirchenglocken; ganz zweifellos!

„No bells – just balls!", lautete die endgültige Antwort. Ich zweifelte nicht an ihr, denn sie war aus dem gedankenleeren Raum des Bewusstseins erstanden und nicht aufgrund logischer Überlegungen. Entsprechend kreativ war sie. Nachdem ich sie gefunden hatte, wandte ich mich vom Koan ab und setzte meine eigene Übung fort.

In der Mittagspause überlegte ich, ob ich dem Roshi meine unkonventionelle Lösung überhaupt präsentieren durfte, denn schließlich war er eine spirituelle Autorität und konnte meine Antwort leicht als Respektlosigkeit missverstehen. Das wollte ich nicht riskieren. Nach einigem gedanklichen Hin und Her vertraute ich mich Carola an, obwohl während des Sesshins nur mit dem Roshi gesprochen werden durfte.

„Sag ihm deine Lösung", riet sie mir. „Sie ist authentisch. Sei auch du authentisch!"

Also verneigte ich mich beim Dokusan vor dem Meister, atmete tief ein und sagte mit fester Stimme:

„No bells – just balls!"

Augenblicklich brach der Roshi in lautes Lachen aus. Dabei bog sich sein Körper nach hinten, und mit einer Hand schlug er sich vor Vergnügen auf den Schenkel. Im nächsten Augenblick unterbrach er das Lachen, schnellte mit dem Körper wieder nach vorn, sein Arm flog in die Höhe und der ausgestreckte Zeigefinger wies zur Tür.

„No!", rief er mit strenger Miene. „Try it again!" (Nein! Versuch es weiter!)

Verdutzt erhob ich mich, vergaß die Verbeugung und verließ den Raum.

Das sollte ein Erleuchteter sein? Welcher Erleuchtete reißt sich willentlich und völlig unreflektiert zusammen, weil er *denkt*, sein Lachen passe nicht zu der Rolle, die er einem Schüler gegenüber zu spielen hat?

Während ich durch das Zendo an den anderen Sitzenden vorbei zu meinem Platz ging, durchschlug mich ein Erkenntnisblitz. Wie alle vorherigen, die ich seit Inzell erlebt hatte, erhellte er schlagartig eine komplette Situation, ohne sich dabei auch nur eines einzigen Gedankens zu bedienen. Es war vollkommene Klarheit, die mich durchzuckte, und was ich in ihr erkannte, war unbezweifelbar.

Augenblicklich begann ich zu kichern; ich konnte nicht anders. Als ich bemerkte, dass aus dem Kichern ein Lachen werden würde, gegen das es nicht den geringsten Widerstand in mir gab, kehrte ich

17. Die erste große Erleichterung

sofort um und ging nach draußen. Das verstieß natürlich auch gegen die Regeln des Sesshins. Schon auf dem Weg zum Seerosenteich lachte ich laut und konnte nicht an mich halten.

Obwohl sich das Blitzlicht ohne Gedanken und so schnell vollzog, dass es keinerlei Zeit brauchte, muss es hier mit Worten und in einer chronologischen Abfolge beschrieben werden.

Ich sah, dass die Lösung meines Koans richtig gewesen war, denn sie entsprach allen traditionellen Anforderungen an die Lösung von Koans. Und die spontane Reaktion des Roshis hatte gezeigt, dass er diese Lösung auch als richtig akzeptierte.

Aber sein *Guru-Ego* konnte sie nicht akzeptieren. Denn zum einen sind die ersten Antworten eines Schülers grundsätzlich zu verwerfen, zum anderen war es für diesen ehrwürdigen Meister inakzeptabel, eine derart vulgäre Lösung gutzuheißen.

Die Tatsache, dass der Roshi seinem Ego unmittelbar gehorchte, offenbarte, dass er keinerlei Kontrolle über es hatte. Das aber passte nicht im Geringsten zu dem Bild eines Erleuchteten. Denn nach allem, was ich jemals gelesen, gehört und verstanden hatte, war er frei von Ego und Psyche, Gedanken und Emotionen. Gerade das unterschied ihn ja von uns anderen.

Sowohl der Roshi, dem ich unvoreingenommen begegnet war, als auch Aiolan, für den ich eine tiefe Sympathie empfand, hatten mir jedoch gezeigt, dass sie ihr Ego keinesfalls überwunden oder transformiert hatten. In bestimmten Situationen ging es einfach mit ihnen durch. Ich hatte das dann jeweils zum Anlass genommen, an ihrer Erleuchtung zu zweifeln.

Nun jedoch zeigte sich mir, dass ich von der Erleuchtung völlig falsche Vorstellungen hatte. Ich erwartete, dass sie die Persönlichkeit auslöscht. Diese Erwartung war nichts anderes als eine Projektion *meines* Wunsches, nach der Erleuchtung frei von persönlichen Schwächen, Ecken und Kanten zu sein. Ich erhoffte mir die Eliminierung individueller Eigenschaften und auf diese Weise eine Vollkommenheit in meinem Sein und Tun, die alle Konflikte aus meinem Leben beseitigen würde.

Dieses Bild von Erleuchtung war eine mentale Vorstellung und somit nicht real. Wie alle anderen Gedanken, Vorstellungen und Überzeugungen waren meine Erwartungen an die Erleuchtung absolut unrealistisch!

Aiolan und der Roshi hatten möglicherweise Erleuchtungserfahrungen gemacht. Die eliminieren oder verbessern jedoch *nicht* die körperlichen oder psychischen Eigenheiten des Betroffenen – denn Erleuchtung ist weder Bodybuilding noch Psychotherapie!

Erleuchtung besteht im günstigsten Fall aus Einsicht in die wahre Natur der Dinge und in die wahre Natur des eigenen Wesens jenseits des persönlichen Ich-Gefühls. Es handelt sich um die unmittelbare Erkenntnis dessen, was jenseits aller menschlichen Illusionen real ist. Dieses Geschehen hat zweifellos eine nachhaltige Wirkung auf die zukünftige Lebensgestaltung des Betroffenen und auf seine zukünftige Wahrnehmung der Welt. Aber sie löscht weder seine individuelle Persönlichkeit aus, noch macht sie ihn zu einem besseren oder gar vollkommenen Menschen. Im Großen und Ganzen bleibt das psychosomatische System, wie es war und ist: ein Gebilde mit körperlichen und psychischen Eigenarten, mit Schwächen und Stärken, Vorlieben und Abneigungen, Fähigkeiten und Unzulänglichkeiten, einem individuellen Charakter und einem durchaus menschlichen Ego.

Ich verstand zutiefst, dass es auch in meinem Fall nicht darum ging, anders zu werden, als ich war, sondern einfach nur das zu sein, was ich bin. Darin lag die Befreiung, auf die ich wartete. Sie hatte mir schon immer zur Verfügung gestanden, weil es in keinem Augenblick meines Lebens darum gegangen war, etwas zu tun, um mich zu verändern. Denn das, was jeweils gerade ist, ist die einzig wahre Realität. Sie wird lediglich von meinen Vorstellungen verschleiert, was stattdessen sein *sollte*.

17. Die erste große Erleichterung

Die Erwachten sagen, dass jeder Mensch jederzeit ein vollkommener Ausdruck dessen ist, was Gott genannt wird. Wir sind identisch mit der Quelle, aus der wir entstanden sind. Vollkommenheit ist unser permanenter Zustand, und nur weil wir aufgrund von gedanklichen Vorstellungen nach etwas anderem streben, erkennen wir ihn nicht.

Eine wie auch immer geartete Verbesserung unseres jeweiligen Zustandes ist nicht notwendig. Deshalb ist sie auch nicht möglich. Alles ist genau so gemeint und genau so gewollt, wie es gerade ist – denn Gott sah, dass es gut war, als er seine Schöpfung betrachtete. Daran hat sich bis heute nichts geändert.

Nur *wir* sehen das nicht, denn wir können nicht glauben, dass wir mit all unseren persönlichen Macken genau so gemeint und gewollt sind. Wir können das nicht glauben, obwohl wir ständig die Erfahrung machen, dass wir uns sowieso nicht verbessern können. Und wir können nicht glauben, dass alles, was in unserem Leben geschieht, ebenfalls vollkommen ist – obwohl wir ständig die Erfahrung machen, sowieso nicht ändern zu können, was im jeweiligen Augenblick gerade ist. Nur unser Widerstand gegen das, was tatsächlich vorhanden ist, erzeugt die Illusion, dass etwas anderes besser wäre.

Ich erkannte zutiefst die Wahrheit dieses Blitzlichtes, während ich durch das Zendo zu meinem Platz ging. Die ungeheure Erleichterung, die es in mir auslöste, ließ mich haltlos kichern über mein Bedürfnis, irgendetwas an mir oder meinem Leben, an Aiolan, dem Roshi oder dem Lauf der Welt zu kritisieren.

„Ihr seid Götter!", ruft uns seit zweitausend Jahren ein Erwachter zu. Wir jedoch überhören seinen Ruf, weil unsere Eltern uns zu oft den Hintern versohlt haben.

Das momentane So-Sein eines jeden Menschen befindet sich stets in absoluter Harmonie mit der jeweiligen Lebenssituation und stellt immer die vollkommene Antwort auf sie dar. Unser So-Sein entspricht in vollendeter Weise der Absicht jener universellen Einheit, die wir Gott nennen. Dem authentischen Ausdruck der eigenen Persönlichkeit wohnt eine tiefe Weisheit inne: ein übergeordnetes, allumfassendes Bewusstsein, eine unermessliche Intelligenz, eine unbegrenzte Kreativität.

Wir sind zu keinem Zeitpunkt fehlerhaft oder unvollkommen, geringwertig oder schlecht. Alles ist in einer undenkbaren Perfektion gut, wie es jeweils gerade ist: ein authentischer Ausdruck des Lebens selbst. Nur unsere Gedanken und die unserer Mitmenschen mäkeln daran herum. Das ist ihr gutes Recht, aber unser gutes Recht ist es, ihnen nicht zu glauben.

Denn nicht, was wir sein und tun *sollen*, ist die Realität, sondern was wir sind und tun.

Auf dem Stein am Seerosenteich entluden sich jahrzehntelange Anspannung und Anstrengung in lautem Lachen. Als es ausklang, trat an seine Stelle eine überwältigende Liebe für mich und mein Leben. In Sekundenschnelle breitete sie sich auf alle Menschen und das Leben in seiner Gesamtheit aus. Alles wurde von dieser Liebe umarmt, denn alles leuchtete in seiner Einzigartigkeit, in seiner Schönheit, in seiner Vollkommenheit. Nichts musste verändert, korrigiert oder verbessert werden. Nichts war zu viel oder zu wenig. Nirgendwo war Mangelhaftes oder Überflüssiges zu entdecken.

Die Unzulänglichkeiten
gut sein lassen –
sofort leuchtet Vollkommenheit auf!

Unsere vermeintlichen Unzulänglichkeiten und die unserer Mitmenschen sind unter den jeweiligen Umständen das absolut *Beste*, was sein kann. Auch wenn es nicht unseren Vorstellungen entspricht, muss nichts korrigiert werden, denn alles ist Teil des unpersönlichen Gesamtgeschehens, das den Großen Fluss des Lebens ausmacht. Nur der Verstand zerteilt die Gesamtheit in „persönliche" Einzel-Ereignisse und bewertet diese entsprechend seiner dualen Denkweise.

Einsicht in die wahre Natur der Dinge befreit uns nicht von unserer Persönlichkeit. Die ist weiterhin vorhanden und macht weiterhin komische Sachen. Na und? Sobald wir akzeptieren, was jeweils gerade ist, und in Frieden damit sind, entsteht Glückseligkeit.

Selbstverständlich finden Veränderungen des Verhaltens statt – aber nicht, weil wir mit uns hadern, sondern weil sich unsere Persönlichkeit und unser Körper ohnehin unentwegt verändern.

Als ich mich einigermaßen gefasst hatte, ging ich zu meinem Wagen, fuhr nach München. Ich aß in einer kleinen gemütlichen Pizzeria zu Abend und trank genüsslich ein Bier. Anschließend sah ich mir im Kino einen lustigen Film an und lachte aus vollem Herzen lauter als alle übrigen Zuschauer. Später las ich auf meinem Bett einen Krimi und futterte Chips.

Dass ich nicht ins Zendo zurückgekehrt war, verstieß erneut gegen die Regeln eines Sesshins, aber ich wusste, dass es für mich keine Regeln mehr gab. Denn welchen Nutzen besitzen sie, wenn alles ohnehin schon gut ist?

Vor dem Einschlafen überlegte ich, wie mein Leben in Zukunft weitergehen sollte. Sofort lachte ich wieder. Es würde so weitergehen, wie es weitergehen würde! Wieso sollte in Zukunft irgendetwas anders sein? Entsprechend meiner Eigenarten würde das Leben sich einfach weiterhin in seiner ewig vollkommenen Weise entfalten!

Allerdings würde ich nicht mehr mit Ereignissen hadern, denn die Vorstellung war weggefallen, durch irgendeine Handlung irgendetwas korrigieren zu müssen. Wenn ich wieder Lust haben würde, mit geschlossenen Augen in einem gepolsterten Stuhl zu sitzen, dann würde ich das auch wieder tun. Aus Spaß und ohne die Hoffnung, damit irgendetwas zu erreichen.

Der eine spielt Karten, der andere meditiert, der dritte zettelt einen Krieg an, und alle tun das, weil es ihnen entspricht und ihnen Spaß macht – aus keinem anderen Grund und zu keinem anderen Zweck. Das Bewusstsein will sich bewegen und inszeniert deshalb eine grandiose Show mit allen wahrnehmbaren Erfahrungen, die möglich sind. Tatsächlich ist *Freude* an dem Geschehen die einzige Ursache für jedes Geschehen. Sobald wir das erkennen, ist alles gut – weil sowieso alles gut ist, völlig unabhängig davon, ob wir das erkennen oder nicht. Wir können uns gegen das, was ist, auflehnen oder es akzeptieren. Beides ist vollkommen in Ordnung, denn beides kann Spaß machen.

Noch vor Sonnenaufgang fuhr ich in die Hütte zurück und saß dann rechtzeitig zu gewohnt früher Stunde wieder im Zendo. Nahezu ununterbrochen nahm ich den großen weiten Raum des Bewusstseins wahr. Durch ihn fluteten Wellen von Verzückung und Dankbarkeit.

Am späten Nachmittag erkannte ich, dass wir im Widerstand gegen das, was ist, nicht uns selbst, unser Leben oder unsere Mitmenschen ablehnen. In Wirklichkeit lehnen wir das ab, was wir angesichts dessen *empfinden*, das uns gerade begegnet. Falls es uns gelingt, in diesem Augenblick innezuhalten und die Empfindung zu beobachten, dann löst sie sich nach kurzer Zeit in das auf, was sie ihrer wahren Natur nach ist: einfach nur tanzende Energie. Die schwingt dann durch unseren entspannten Körper und löst Wonne im Bewusstsein aus.

Dem Bewusstsein ist es gleichgültig, ob wir Schmerz oder Lust wahrnehmen. Ihm ist nur wichtig, uns bei unseren Erfahrungen zu beobachten. Und sobald wir am eigenen Leib erfahren haben, dass jeder Widerstand ein Tor zur Glückseligkeit ist, entscheiden wir uns für die Lust, es zu durchschreiten.

17. Die erste große Erleichterung

Der Frieden, der sich über mich und das gesamte Leben ausbreitete, war umfassend. Die ihm innewohnende Freiheit war grenzenlos. Und die Freude, die mich durchflutete, war unbeschreiblich. Ich saß gedankenleer und vollkommen bewusst in meinem Stuhl, weil mir das entsprach und Spaß machte. Zum Dokusan ging ich nicht mehr. Der Roshi durfte genauso sein, wie er war, aber ich hatte keine Lust auf weitere Gespräche mit ihm.

Weil ich mich tagsüber fast ununterbrochen im Zustand der Gedankenleere befand, bewegte sich mein Bewusstsein nachts mit großer Geschwindigkeit. Es erschuf nahezu ununterbrochen aufregende Welten, die ich durchstreifte, und aufregende Ereignisse, an denen ich mich ergötzte.

Träume so glasklar
wie die Wirklichkeit.
Wie welche?

Im Traum erleben wir unter anderem auch körperliche Erfahrungen. Wir träumen, dass wir laufen, dass uns die Sonne wärmt, dass uns etwas wehtut oder Lust bereitet – obwohl der Körper schlafend im Bett liegt. All diese körperlichen Erfahrungen sind nur ein Energiespiel des Bewusstseins. Für keine von ihnen wird der Körper wirklich gebraucht; er kann im Bett liegen und schlafen.

Alle körperlichen Erfahrungen finden *nicht* im Körper statt, sondern im Verstand. Erst dort wird aus der neutralen Energiebewegung des Bewusstseins eine Erfahrung, die auf den Körper projiziert wird. Das gilt sowohl für den Traumzustand, als auch für den Wachzustand. Die scheinbare Realität des Alltags ist genau wie die des Traumes einzig und allein eine Widerspiegelung unserer gedanklichen Vorstellungen und Überzeugungen. Und da wir nun einmal glauben, in einem Körper zu stecken, dient er uns als Projektionsfläche für Schmerz und Lust.

Rechts von mir saß im Zendo eine Frau mit langen blonden Locken. Das Erste, was ich von ihr wahrgenommen hatte, waren ihre roten Fußnägel und der silberne Ring am zweiten rechten Zeh. Seit Freitagabend ging ich hinter ihr im Kreis, und diese Einzelheiten sprangen regelmäßig in meine Wahrnehmung. Ich erfreute mich an ihnen.

Am Samstag hatte sie sich in der Mittagspause zu mir auf den Stein am Seerosenteich gesetzt und mich um eine Zigarette gebeten. Während wir gemeinsam rauchten, wunderte ich mich darüber, wie perfekt geschminkt sie war. Ohne Frage gefiel sie mir. Aber ich hatte noch nie erlebt, dass eine Frau auf einem Sesshin ihre Reize derart betonte.

Sie wollte eine Menge von mir wissen, sah mich bedeutungsvoll an, wenn sie mich fragte, und strich sich die Locken aus dem Gesicht, wenn ich antwortete. Ich spürte, dass sie über kurz oder lang bereit sein würde, mich in meine Hütte zu begleiten.

Sie setzte sich am Dienstagabend, etwa 48 Stunden nach dem Beginn meiner großen Erleichterung, neben mich auf den Stein und bat wieder um eine Zigarette. Ihre Hand umschloss meine, als ich ihr Feuer gab. Ich genoss den Strudel, der sich in meinem Unterleib bildete.

Voller Freude schmunzelte ich in mich hinein. Nur weil mein Ego die Gegenwart schöner Frauen liebte, saß die Lockige jetzt neben mir und ließ ihre Zehen verführerisch im sanften Licht der untergehenden Sonne spielen. Sie war eine dieser wundervollen Manifestationen meines Lebenstraumes, erschienen einzig und allein, um mich zu erfreuen.

Innen ist Außen:
Ich wandere inmitten
all meiner Projektionen!

Der Strudel in meinem Unterleib breitete sich in meinem gesamten Körper aus und erfüllte mich mit Begehren. Während ich den Vorgang beobachtete, wurde mir klar, dass es sich auch dabei nur um ein Spiel tanzender Energie handelte. Es ist *dieselbe* Energie, die wir einmal als „Verliebtheit" interpretieren und genießen, ein anderes Mal als „Prüfungsangst" interpretieren und ablehnen. Genau *dasselbe* Energiespiel wird vom Verstand unterschiedlich gedeutet und je nach Deutung willkommen geheißen oder zurückgewiesen. Welch grandiose Täuschung erzeugt der Verstand – er erschafft jede einzelne Erfahrung und lässt sie real erscheinen, obwohl sie weniger als Windhauch ist.

Ich überlegte, ob ich das Angebot annehmen und die Lockige in meine Hütte bitten sollte, verwarf die Überlegungen jedoch wieder und beschloss, im Zustand der Unklarheit zu verweilen, bis von selbst eine Entscheidung auftauchen würde.

Nach einiger Zeit erhob sich die Schöne und verabschiedete sich zögernd. Ich wusste, dass es nur eines Wortes von mir bedurfte, um sie mit mir zu nehmen. Aber die Entscheidung war noch nicht aufgetaucht, und das Wort wurde nicht gesprochen.

Versonnen kehrte ich in die Hütte zurück. Dort fiel mein Blick auf eine Fliege, die ich mit großer Zärtlichkeit und tiefem Mitgefühl beobachtete.

Sterbende Fliege,
des Fliegens entmachtet,
torkelt am Boden.

18.
Eine Sache der Gewohnheit

Wenn die Saite einer Gitarre angeschlagen wird, löst ihre Bewegung energetische Wellen aus, die im menschlichen Innenohr auf das Hämmerchen treffen und dann als Klang wahrgenommen werden. Genauso löst die Bewegung des Bewusstseins Wellen von Energie aus, die auf Rezeptoren im menschlichen Gehirn treffen. Je nach Gehirnregion verwandeln sich diese ursprünglich neutralen Energie-Impulse und werden entsprechend wahrgenommen: als Gedanken, Emotionen, Geistesblitze, Bilder, Träume, Sinneswahrnehmungen, Sprache, Handlung, Stoffwechsel, Herzrhythmus usw.

- **Im psychosomatischen System wirkt ununterbrochen eine umfassend bewusste, höchst intelligente und unbegrenzt kreative Energie.**

Der menschliche Körper besteht aus etwa 100.000 Milliarden Zellen. Sieben Millionen davon sterben in jeder Sekunde ab und werden sofort durch neue passgenau ersetzt. Alle vier Wochen erhalten wir auf diese Weise eine komplett neue Haut. Nach etwa sechs Monaten ist der gesamte Organismus ausgetauscht, und auch das Skelettsystem ist vollständig erneuert.

Was tun wir dafür? Was können wir überhaupt dafür tun? Nichts.

Wenn *uns* dieses Geschehen überlassen wäre, dann würden wir nicht eine einzige Minute überleben. All diese Abläufe werden von der Bewegungsenergie des Bewusstseins bewirkt, die wir Lebensenergie nennen. Sie hat unseren Körper am Anfang aufgebaut und kümmert sich seitdem um seine Erhaltung. Sie bewohnt unseren Körper und tanzt in ihm. Nur sie *weiß*, was zu tun ist, und nur sie *tut* es.

18. Eine Sache der Gewohnheit

Bei ihrer Arbeit trifft sie auch auf Gehirnregionen, die der Verstand in erheblichem Maß beeinflusst hat. Alle menschlichen Gehirne sind ähnlich konstruiert; wir können sie mit der einheitlichen Baureihe eines bestimmten PC-Typs vergleichen. Die Software jedoch ist von Benutzer zu Benutzer recht unterschiedlich.

● **Die Software des Gehirns ist der individuelle Verstand.**

Verstand ist die Summe aller Gedanken und Emotionen, die der betreffende Mensch jemals gedacht und gefühlt hat *und* denen er Bedeutung verliehen hat. Gedanken und Emotionen, an denen er kein Interesse fand, hatten keinen Einfluss auf die mentale Software. Die übrigen jedoch lösten im Gehirn biochemische Reaktionen aus, aufgrund derer einige Rezeptoren für die Aufnahme energetischer Impulse besonders empfänglich und andere völlig unempfänglich wurden. Außerdem stellten die biochemischen Vorgänge Verknüpfungen im Gehirn her, die darüber entscheiden, wie der empfangene Impuls zu bewerten ist und wie auf ihn reagiert werden soll.

Auf diese Weise ist eine umfangreiche Programmierung installiert.

● **Der Verstand besteht nicht nur aus immateriellen Gedanken und Emotionen, sondern ist *als Beschaffenheit des individuellen Gehirns* auch ein materielles Objekt.**

Deshalb wird er durch Vererbung zumindest teilweise weitergereicht, so dass bereits eine gewisse Vorprogrammierung gegeben war, bevor sich unsere eigenen Gedanken und Emotionen an ihr gestalterisches Werk machten.

Das heißt natürlich nicht, dass neue Programme keine Chance mehr haben, installiert zu werden. Aber *zum jetzigen Zeitpunkt* steht dem psychosomatischen System unseres Namens leider nur *diese* Software zur Verfügung und keine andere.

Wenn die Impulse der Lebensenergie auf den Verstand treffen, passiert ihnen dasselbe wie den Lichtstrahlen der Sonne, die auf eine Buntglasscheibe treffen: Sie nehmen die Farbe des Glases an, durch das sie hindurchstrahlen. Auf diese Weise wird die ursprünglich *unpersönliche* Energie des Bewusstseins „personifiziert".

● **Impulse des Bewusstseins nehmen die Eigenschaften des Verstandes an, auf den sie treffen.**

Entsprechend gefärbt werden sie vom psychosomatischen System wahrgenommen, das augenblicklich auf diese Wahrnehmung reagiert – eine Handlung entsteht.

Bewusstsein in Bewegung lenkt unser aller Leben. Es bringt in jedem Augenblick jedes Ereignis in diesem gesamten Universum hervor und nimmt es gleichzeitig wahr. Von dieser unpersönlichen Lebensenergie geht jeder einzelne Handlungsimpuls aus, den wir in uns spüren. Er ist nun nicht mehr unpersönlich, sondern vom Verstand „individuell gefärbt" und zielt auf unser Wohl ab. Wenn wir uns weigern, unseren Impulsen entsprechend zu handeln, so führt dies zu einem Gefühl von Unzufriedenheit. Und falls wir uns trotzdem weiterhin verweigern, fließt die angesammelte Energie jener Impulse, die sich nicht durch die entsprechenden Handlungen entladen kann, in unser System und verursacht dort psychische oder körperliche Störungen.

Bei oberflächlicher Betrachtung des menschlichen Tuns sieht es allerdings so aus, als fehlten recht häufig die Bewusstheit und Intelligenz der ursprünglichen Energie-Impulse. Außerdem scheint es, als würden die Handlungen eher von routinemäßiger Gewohnheit zeugen als von Kreativität. Aber zum Glück hat unser Tun nur in seltenen Fällen die Konsequenzen, die es eigentlich haben müsste.

- **Keine unserer Handlungen führt *zwangsläufig* zu dem Ergebnis, das wir anstreben.**

Denn nicht unser Handeln, sondern *das Leben* bestimmt die Ergebnisse unseres Handelns. Und ganz offensichtlich reagiert das Leben nur in seltenen Fällen so auf uns, wie wir das erhoffen oder befürchten.

Da *dieselbe* Lebensenergie nicht nur in uns wirkt, sondern auch in allem um uns herum, löst unser Tun augenblicklich Reaktionen in unserer Umgebung aus, über die wir keine Kontrolle haben, und die Gesamtheit dieser Reaktionen führt dann zu dem, was wir als „das Ergebnis meiner Handlung" bezeichnen.

- **Tatsächlich ist das vermeintliche „Ergebnis" ein unabhängiges *Ereignis*, das zeitnah zu der Handlung stattfindet.**

Lediglich unser Verstand konstruiert einen logisch-kausalen Zusammenhang zwischen Handlungen und scheinbaren Ergebnissen. Wie alle anderen gedanklichen Konstrukte ist auch dieses nur Illusion. Denn das Leben ist bewusst, kreativ und intelligent, aber es ist nicht logisch. Ununterbrochen spielt es unserem Verstand kleine Streiche und gelegentlich auch große. „Der Mensch denkt, Gott lenkt!", sagen wir dann achselzuckend. „Erstens kommt es anders und zweitens als man denkt."

Aber auch wenn wir erkennen, dass unser Tun nicht die Ereignisse erzeugt, die zeitnah eintreten, haben wir doch wenigstens den

Eindruck, dass wir von Fall zu Fall entscheiden können, ob wir eine bestimmte Handlung ausführen oder nicht.

Dabei übersehen wir, dass die meisten Handlungen gar nicht von uns entschieden werden, sondern unbewusst vor sich gehen – automatisch, wie gewohnt. Doch auch „bewusste Entscheidungen" sind lediglich Handlungsimpulse der Lebensenergie und nicht etwa unsere eigenen. Solange diese Impulse *fehlen*, herrscht *Unklarheit*, und wir versuchen, durch Nachdenken eine Entscheidung herbeizuführen. Sobald der entsprechende Energie-Impuls eintrifft, behaupten wir, dass *wir* uns jetzt entschieden hätten. Tatsächlich traf jetzt lediglich der handlungsstiftende Impuls ein.

Da Handlung stattfindet, *denkt* der Handelnde, er hätte sich zu dieser Handlung entschieden. In Wirklichkeit findet Handlung statt, weil ein energetischer Impuls eine bestimmte Gehirnregion stimuliert und den Körper auf diese Weise zu einer Handlung veranlasst.

● **Eine „Entscheidung" ist nur die mentale Begründung für ein Tun, auf das wir keinen Einfluss hatten.**

Da diese Tatsache keineswegs unserer Vorstellung vom freien Willen entspricht, behaupten wir *nach* der Handlung, wir hätten uns *vorher* für sie entschieden. In Wirklichkeit jedoch haben sich nur unsere Beine, unsere Arme oder Lippen bewegt und eine Handlung ausgeführt, die wir nicht kontrollieren konnten. In seltenen Fällen geben wir allerdings hinterher zu, „das überhaupt nicht gewollt zu haben".

Mehrfach habe ich mich im Laufe meines Lebens gefragt, woher eine Spinne weiß, wie sie ihr kompliziertes Netz zu spinnen hat. Die Antwort ist: Sie weiß es nicht – sie tut es einfach! Sie fällt keine

Entscheidungen, was zu tun ist, sondern handelt unwillkürlich, aber entsprechend ihrer Veranlagung als Spinne.

Auch wir wissen nicht, was wir zu tun haben, und fällen keine Entscheidungen, was zu tun ist, sondern handeln in jeder Situation unwillkürlich, aber entsprechend unserer Veranlagung als Mensch.

Eine Spinne weiß nichts und denkt nichts. Sie überlegt nicht, wie und wo sie ihr Netz spinnen soll. Nach getaner Arbeit wartet sie nicht darauf, dass sich eine Fliege in dem Netz verfängt; sie ruht sich einfach aus. Zappelt dann irgendwann Nahrung in den Fäden, so prüft die Spinne nicht, ob das Angebot ihren Erwartungen entspricht, sondern verzehrt es.

Für eine Spinne geschieht einfach das, was jeweils geschieht.

Nur wir wollen wissen, und nur wir wollen denken. Nur wir haben Ziele, denken über richtige Handlungen und richtige Ergebnisse nach. Nur wir warten nach getaner Arbeit auf den Erfolg und vergleichen das, was dann geschieht, mit unseren Erwartungen, akzeptieren es oder lehnen es ab.

Das ist menschlich, aber weder bewusst noch intelligent oder kreativ.

Dieselbe Lebensenergie, die unseren Körper erschaffen hat und erhält, weiß auch, was in Bezug auf das Leben in seiner Gesamtheit zu tun ist, und genau das tut sie. Dabei benutzt sie unseren Körper und alle anderen Körper, um die entsprechenden Handlungen auszuführen.

Wir dürfen uns also wirklich entspannt zurücklehnen und zuschauen, wie sich das Leben entfaltet. Das bedeutet nicht, dass wir unsere Handlungsfähigkeit verlieren – selbstverständlich gehen unser Tun und Lassen weiter, aber wir können aus einer inneren Distanz heraus beobachten, was durch uns und mit uns geschieht.

Die Ursache für jegliches Geschehen ist eine *unpersönliche* Energie, die in uns und in allem tanzt. Ihr Tanz erschafft sowohl *unser* Leben als auch die *Gesamtheit* des Lebens: alle Objekte vom subatomaren Elementarteilchen bis zum Stern, und alle Ereignisse vom Urknall bis zum Verlöschen dieses Universums.

Wir haben die Erde nicht erschaffen und nicht einmal unseren eigenen Körper. Wie sie sich entwickeln, entzieht sich unserer Kontrolle. Wir hatten keine Kontrolle über unsere Eltern und haben keine Kontrolle über unsere Kinder. Wir haben nicht einmal die Kontrolle darüber, ob wir morgen früh rechtzeitig aufstehen oder verschlafen werden und welche Gedanken und Emotionen dadurch ausgelöst werden.

An all dem nehmen wir stets nur teil. Tanzende Energie, die Gott genannt wird oder universelles Bewusstsein oder wie auch immer, bewegt unsere Gedanken und unsere Emotionen, bewegt unsere Arme, unsere Beine, unsere Lippen. Genauso bewegt sie die Gedanken, Emotionen, Arme, Beine und Lippen unserer Mitmenschen.

Falls wir in dem hellwachen Bewusstsein, bewusst zu sein, die Handlungen des Körpers beobachten und den Worten lauschen, die aus dem Mund kommen, bemerken wir, dass wir weder die Handelnden, noch die Sprechenden sind. Das kann anfangs sehr irritierend sein, denn es gibt dann keine Möglichkeit zur Identifikation mit einem persönlichen Ich. Sobald wir uns daran gewöhnt haben, *als unpersönliches Bewusstsein im leeren Raum zu schweben*, erkennen wir voller Jubel, dass wir selbst jene Lebensenergie sind, deren Tanz das gesamte Universum erschafft.

19.

Der Schmetterling und das Feuer

Da es mittlerweile keinen Unterschied machte, ob ich in meiner Hütte oder im Zendo saß, nahm ich weiterhin am Sesshin teil. Sobald ich in mich hineinschaute, öffnete sich der große weite Raum. Meistens war er vollkommen leer. Manchmal jedoch erschien darin die Wahrnehmung von äußeren Geräuschen, Einzel-Gedanken oder Gedankenketten sowie von Körper- oder Energie-Phänomenen, Kurzträumen oder Erkenntnisblitzen.

Neu war die Erfahrung, dass auch die Gedankenleere sich in ihm befand. Bisher hatte ich das Nicht-Denken mit dem bewussten Sein gleichgesetzt. Nun zeigte sich, dass der große weite Raum des Bewusstseins der Hintergrund ist, vor dem sich alles andere abspielt. Dieser Hintergrund ist wache Aufmerksamkeit, in der alle Objekte einschließlich Denken *und* Nicht-Denken auftauchen und nach einiger Zeit auch wieder verschwinden.

Ich vermute auch heute noch, dass wir Menschen unser permanent gegenwärtiges waches Bewusstsein *anfangs* nur bemerken können, wenn der Verstand gedankenleer stillsteht. Nachdem wir uns jedoch daran gewöhnt haben, *bewusst* bewusst zu sein, können gelegentliche Denkvorgänge diesen Zustand nicht beeinträchtigen. Der Hintergrund des bewussten Seins wird im Laufe der Übung derart deutlich, dass er durch die vordergründigen Aktivitäten des Verstandes hindurchleuchtet, solange die nicht überhandnehmen.

Donnerstagmorgen stellte ich den Wecker ab, als er klingelte, und schlief weiter. Am späten Vormittag trank ich auf der Terrasse meinen Kaffee. Vom Seerosenteich winkte die Lockige, und ich winkte zurück. Sie näherte sich mir mit anmutigen Schritten, legte dann die Hände auf ihrem Rücken zusammen, so dass ihre Brüste die leichte Bluse spannten.

„Nimmst du nicht mehr am Sesshin teil?", fragte sie.

„Heute Vormittag nicht."

„Und generell?"

Seit ich in die Hütte eingezogen war, waren 55 Tage vergangen, fast acht Wochen.

„Ich weiß es nicht", antwortete ich. „Auf jeden Fall werde ich heute Urlaub vom Sitzen machen."

„Und was hast du stattdessen vor?"

„Auch das weiß ich noch nicht."

Der Gong rief sie ins Zendo. Sie strich sich die Locken aus dem Gesicht und zuckte enttäuscht mit den Schultern.

Ich setzte mich in mein Auto. Am Ortsausgang ließ ich einen Anhalter einsteigen, der von sich und seinem Leben erzählte. In einem Badeort mietete ich mir ein Tretboot und fuhr auf den See hinaus. Etwa in der Mitte zog ich Schuhe, Hemd und Hose aus, ließ mich treiben und sonnte mich.

Später saß ich lange auf einer Bank am Ufer und sah herumtobenden Kindern zu.

Ich war mir vollkommen im Klaren darüber, dass sich dies hier alles in meinem Bewusstsein abspielte, in dem unbegrenzten Raum meiner Wahrnehmung. Er befand sich innen und außen zugleich und reichte weit über mein Leben, die Welt, das Universum hinaus.

Es erschien mir sehr komisch, dass ich seit Jahren mein Augenmerk immer wieder auf die gedankenleere Stille gerichtet und mich so zumindest teilweise von all dem abgewandt hatte, was sonst noch vorhanden war. Jetzt erkannte ich, dass gedankenleere Stille nur ein Objekt innerhalb der Wahrnehmung ist wie jedes andere auch. Als Objekt unterscheidet sie sich nicht im Geringsten von dem Objekt einer Gedankenkette. Das Bewusstsein des Wahrnehmens ist der konstante Urgrund, das ewig Gegenwärtige, das Unveränderliche, in dem alles Veränderliche erscheint.

19. Der Schmetterling und das Feuer

Ohne jeden Zweifel hatte dieses Bewusstsein seit meiner Geburt ununterbrochen existiert und ständig all meine Erfahrungen wahrgenommen. Niemals hatte ich mich bemühen müssen, mir meiner Erlebnisse bewusst zu sein – Bewusstheit war und ist mein natürlicher Zustand.

Gedankenleere lässt den Vorgang des Denkens deutlich werden und weist auf die Möglichkeit hin, uns desinteressiert vom Inhalt der Gedanken abzuwenden. Gedankenleere Stille deutet stets auf das beobachtende Bewusstsein, den Urgrund von allem. Dieses Bewusstsein beinhaltet die latenten Möglichkeiten, das unmanifestierte Potenzial. Aus ihm entstehen sowohl Denken als auch alle anderen Objekte. Gleichzeitig registriert dieses Bewusstsein all seine Schöpfungen und bleibt dennoch völlig unberührt von ihnen. Aber es ist *immer und überall* gegenwärtig, vorhanden.

Während ich auf der Parkbank saß, zogen Objekte an meinem Bewusstsein vorbei: äußere Geschehnisse und innere Geschehnisse, und dazu gehörten selbstverständlich auch Gedanken. Einzig das wache bewusste Sein, das all dies wahrnahm, blieb konstant und unbewegt, während alles andere sich bewegte und vorüberfloss – und das war immer so gewesen.

Alles taucht im Bewusstsein auf, bleibt für eine bestimmte Zeit in ihm und verschwindet dann wieder aus ihm. Daraus besteht das Leben; es war niemals anders und würde niemals anders sein. Was suchte ich eigentlich noch? Ich konnte keinen plausiblen Grund mehr dafür finden, aufzuwachen, denn wenn ich nicht gerade schlief, war ich ja wach.

Deshalb beschloss ich, mich in den nächsten Tagen einfach nur wohlzufühlen.

Freitag und Samstag verbrachte ich ebenfalls am See und war nur, wie ich jeweils gerade war, und tat nur, was ich jeweils gerade tat. Dabei störten mich gelegentliche Einzel-Gedanken und auch Gedankenketten überhaupt nicht. Sie zogen an meiner Wahrnehmung vorüber; ich schenkte ihnen keine besondere Aufmerksamkeit, weil ich ihren Inhalten sowieso nicht glaubte. Alles war mühelos, und ich war vollkommen zufrieden und glücklich.

Sonntagnachmittag saß ich auf meiner Terrasse, trank einen Kaffee und rauchte eine Zigarette. Unvermittelt blickte ich zum Hauptgebäude hinüber und sah Silence von dort auf mich zukommen. Ich erhob mich und eilte ihr entgegen, um sie in die Arme zu nehmen.

„Wie schön, dass du da bist!", hörte ich mich sagen.

„Ich bin gekommen, um dich zu sehen, Felix."

Wir setzten uns auf den Stein am Seerosenteich, und ich merkte, wie sehr ich sie in den vergangenen Wochen vermisst hatte. Sofort erzählte ich ihr von meinen Erfahrungen und Einsichten. Über die Geschichte mit dem Koan lachte sie begeistert; dann fragte sie:

„Wann gibst du dein Einsiedlerleben auf?"

Ich stutzte, denn darüber hatte ich mir noch keine Gedanken gemacht.

„Ich bin noch nicht erleuchtet", sagte ich halb scherzhaft.

„Welche Erfahrung fehlt dir noch?"

„Ich möchte, dass sich mein Bewusstsein endlich im absoluten Bewusstsein auflöst. Ich möchte erleben, dass ich all das bin, was ich wahrnehme."

„Du weißt, dass *du* das niemals erleben kannst."

„Natürlich. *Mich* gibt es in dieser Erfahrung ja nicht mehr."

„Und warum willst du sie dann unbedingt erleben?"

Ihre Art, zu fragen, ließ mich genau überlegen.

„Ich weiß es nicht. Ich spüre nur, dass ich es wirklich will."

Silence schwieg eine Weile; dann sagte sie:

„Die meisten Menschen halten das absolute Bewusstsein nicht für eine erstrebenswerte Erfahrung. Einzig und allein *deine* Überzeugung lässt eine bestimmte Erfahrung reizvoll und bedeutsam erscheinen. Aber alle Erfahrungen kommen und gehen. Sie gehören der dualen Welt der Phänomene an und sind nicht die Wahrheit. Die Wahrheit liegt jenseits von ihnen."

Ich war wie vom Blitz getroffen und konnte nichts erwidern. Natürlich hatte Silence Recht. „Ich bin schon lange gestorben", erklärten die Weisen immer wieder. „Mein Wachzustand ist mit eurem Tiefschlaf vergleichbar: Hier findet keine einzige Erfahrung mehr statt. Ich befinde mich jenseits jeder Erfahrung, fest gegründet im unmanifestierten unbewegten Urgrund, der einzigen Realität. Euer Wachzustand ist dem Träumen gleich: Ihr träumt mit offenen Augen und bewegt euch von einer nicht realen Erfahrung zur nächsten."

Schließlich sagte ich verunsichert:

„Ich dachte immer, die Erfahrung des absoluten Bewusstseins sei wichtig, um aufzuwachen."

„Nicht wichtiger als dein Festschmaus bei McDonald′s."

Jetzt wollte ich es genau wissen.

„Hast du diese Erfahrung bereits gemacht?", fragte ich.

„Hier geht es nicht um mich, sondern um dich, denn *du* fragst. Schau, Felix, du weißt inzwischen, dass du nicht identisch bist mit deiner Persönlichkeit und all ihren Gedanken, Emotionen, Eigenarten. Außerdem weißt du, dass jede Erfahrung nur die eine universelle Energie ist, die von deinem Verstand als dies oder das interpretiert wird. Darüber hinaus weißt du, dass alles gut, richtig und vollkommen ist, was jeweils gerade ist. Du bist also schon absolut frei – was willst du noch?"

„Ich will endlich erwachen!", begehrte ich auf.

„Was um Himmels willen bedeutet *erwachen* für dich?"

Nun war ich völlig perplex.

„Ich will erkennen, wer ich wirklich bin", versuchte ich, mich zu retten.

„Das habe ich verstanden. Aber wozu soll das notwendig sein? Sieh doch einmal über diesen Teich." Sie ließ mir Zeit. „Hör die Frösche quaken." Sie ließ mir Zeit. „Spür die warme Luft." Sie ließ mir Zeit. „Nimm wahr, dass ich neben dir sitze." Sie ließ mir Zeit. „Jetzt richte den Blick auf den Bussard dort oben über dem Wald." Sie ließ mir Zeit. „Nimmst du das alles wahr?"

Ich nickte.

„Und fehlt jetzt, in diesem Augenblick irgendetwas?"

Ich schüttelte den Kopf. Ihre Frage hallte in mir nach, und ich spürte, dass in diesem Augenblick hier und jetzt alles vollkommen war und dass nichts fehlte, nicht einmal Erleuchtung.

Eine Träne trat aus meinem rechten Auge und lief langsam die Wange herunter.

„Dein Erwachen, Felix, ist ein Gedanke. Wenn der nicht vorhanden ist, fehlt dir überhaupt nichts. Glaub dem Gedanken an Erwachen oder Erleuchtung nicht, wenn er nochmals auftaucht – allen anderen Gedanken glaubst du ja auch nicht. *Sei* einfach wach!"

Ich war zutiefst erschüttert, lachte und weinte gleichzeitig.

Eine Stimme unterbrach uns.

„Gibt's hier eine Zigarette umsonst?"

Die Lockige ging hinter Silence und mir in die Hocke. Ich reichte ihr eine Zigarette und gab ihr Feuer. Wieder legte sie ihre Hand um meine.

„Ich will euch nicht stören", sagte sie, sah mich bedeutungsvoll an und verschwand. Silence blickte ihr hinterher.

„Eine Verehrerin?"

Ich nickte.

„Tanzende Energie", schmunzelte sie. „Alles erfreut sich am Leben – auch ohne Erleuchtung."

„Ist es wirklich so einfach?"

„Es ist das Einfachste überhaupt. Deshalb wird es fast immer übersehen."

19. Der Schmetterling und das Feuer

„Sag mir noch eins: Wenn ich mit allem mitfließe, was ist, und ununterbrochen am Tanz dieser universellen Energie teilnehme, ohne ihr Widerstand zu leisten, dann existiert mein persönliches Ich-Gefühl kaum noch, sondern lediglich in der Empfindung, der unpersönliche Beobachter von all dem zu sein. Wie kann ich diese Beobachter-Empfindung auch noch überschreiten?"

„Das ist *dir* nicht möglich. Sie wird dir genommen."

„Kann ich dieses Ereignis durch irgendetwas, das ich tue, beschleunigen?"

„Ja. Indem du es nicht beschleunigen willst, nichts dafür tust und nicht darauf wartest. Es entzieht sich wie alles andere vollständig deiner Kontrolle."

Ich spürte, dass es vorerst nichts mehr zu sagen und nichts mehr zu fragen gab, und schloss die Augen.

Nach einiger Zeit des Schweigens sagte Silence:

„Mein Leben ist sehr einfach geworden. Vor etwa anderthalb Jahren bemerkte ich mein völliges Einverständnis mit allem, was ist, und die umfassende Stille, die aus diesem Frieden erblüht. Gleichzeitig entstanden eine große Dankbarkeit dem Leben gegenüber und eine sanfte Freude am Sein. Daran hat sich bis heute nichts geändert.

Nachdem ich dich zum ersten Mal gesehen hatte, tauchten aufregende Gedanken in meinem Kopf auf, und nach dem Jahresfest wusste ich, dass ich dich wiedersehen wollte. Deshalb bin ich heute hier. Ich bin nicht verliebt in dich und nicht an einer romantischen Affäre mit dir interessiert. Das alles liegt weit hinter mir. Aber ich verehre dich als mein Selbst und möchte mit dir die Wahrheit teilen. Heute ist mir wichtig, dich das wissen zu lassen.

Selbst wenn dies unsere letzte Begegnung sein sollte und du heute Nacht die Hübsche von vorhin in deinen Armen hältst, werde ich mich freuen. Du kannst mich nicht glücklich machen, Felix, und du kannst mich nicht unglücklich machen. Ich weiß, wer ich bin und wer du bist, und deshalb *bin* ich glücklich."

Ich war sprachlos.

„Auch ich bin nicht verliebt in dich", sagte ich, als sich wieder
Worte bildeten, „aber ich genieße deine Gegenwart und habe das
Gefühl, dass du verstehst, was ich hier erlebe. Ich genieße unsere
Gespräche, unsere Stille und unsere Nähe."

Noch eine angenehme Weile saßen wir schweigend auf dem
Stein. Ich beobachtete die Energie, die durch meinen Körper floss,
und war mir sicher, dass Silence das Gleiche tat. Friedliche, won-
nevolle Zeitlosigkeit erstreckte sich über das Universum.

Später machten wir einen langen Spaziergang durch den Wald
am Flussufer entlang. Bei unserer Rückkehr sahen wir Aiolan und
den Roshi in der Nähe des Seerosenteiches stehen und sich ange-
regt unterhalten. Offensichtlich war das Sesshin beendet, denn die
Schüler strebten mit ihren Koffern dem Parkplatz zu. Wir legten
die Hände unter dem Kinn zusammen und verneigten uns im
Vorübergehen vor den beiden Zen-Lehrern, die kurz verstummten
und unsere Begrüßung erwiderten. Als wir auf der Terrasse vor der
Hütte angekommen waren, sprachen sie mit leisen Stimmen weiter.

Aiolan stand etwas breitbeinig und mit beiden Händen in den
Hüften vor dem Roshi, der seine Worte mit ausladenden Gesten
unterstrich. Nun gestikulierte auch Aiolan, während er sprach.
Dann verstummten beide. Nach einer kurzen Pause hob der Roshi
den Arm und wies mit gestrecktem Zeigefinger gen Himmel.

„Ich werde hier nie wieder ein Sesshin veranstalten!", sagte er
mit lauter Stimme.

„Du bist hier auch nicht mehr willkommen!", gab Aiolan ebenso aufgebracht zurück.

Sie wandten sich abrupt um und gingen in entgegengesetzte
Richtungen auseinander.

Silence und ich sahen uns an.

Ich war verblüfft und gleichzeitig amüsiert. Da stritten und entzweiten sich tatsächlich die Erwachten völlig unabhängig davon, wie viele Erleuchtungserlebnisse jeder von ihnen gehabt hatte!

„Alles nur tanzende Energie", sagte Silence. „Im Verstand gibt es keinen Frieden. Der Verstand ringt immer: wenn nicht mit sich selbst, dann mit einem anderen Verstand. Tanzende Energie – welch herrlicher kosmischer Spaß!"

Wozu Erleuchtung?
Alles bleibt,
wie es ist.

Gegen Abend fuhr ich mit Silence nach München. Eigentlich hatten wir geplant, dort noch ein paar Stunden zusammenzubleiben, aber der Kühler meines Autos streikte. Wir erreichten eine S-Bahn und verabschiedeten uns voneinander. Ich fragte nicht, ob und wann wir uns wiedersehen würden. Ganz zweifellos war ich *jetzt* glücklich, aber ich konnte nicht wissen, ob es uns beiden auch in Zukunft Spaß machen würde, zusammen zu sein. Das Leben würde ein Wiedersehen veranlassen – oder auch nicht.

In der Werkstatt erklärte man mir am Montag, dass die Reparatur meines Wagens mehrere Tage in Anspruch nehmen würde. Ich gab den Wunsch auf, umgehend in die Hütte zurückzukehren. Das Wetter war herrlich, und ich ging ins Schwimmbad.

Der große weite Raum des Bewusstseins war fast ununterbrochen spürbar. Er enthielt das Schwimmbad und mich selbst als eines der vielen Objekte, die sich dort aufhielten. Er war unbegrenzt und offen für alles, was darin auftauchte und jemals darin auftauchen würde. Eine große Ruhe strahlte in diesem Raum, ein köstlicher Frieden, ein wonnevolles Wohlgefühl. Außerdem nahm ich mich und alles um mich herum mit einer Intensität wahr, die jedes frühere Gefühl von Lebendigkeit als Schattenspiel entlarvte. Jetzt war alles nah, berührte mich unmittelbar, pulsierte ekstatisch.

Diese Empfindungen waren derart berauschend, dass ich nicht begreifen konnte, warum ich jemals von meinem persönlichen Ich-Gefühl fasziniert gewesen war. Denn die Qualität der *Lebendigkeit im bewussten Sein* übertraf bei weitem jenes Gefühl von scheinbarer Lebendigkeit, das normalerweise als unser persönliches Existenz-Gefühl empfunden wird.

In den folgenden Tagen hielt dieser Zustand an, ohne dass ich mich darum bemühen musste. Allerdings verblieb ein restliches vages Ich-Empfinden, ein schemenhaftes Gefühl, der Beobachter des Bewusstseins-Raumes und der Dinge darin zu sein.

Bewusstsein:
bewusst sein,
bewusst zu sein.

Tagsüber tat ich, was ich auch sonst im Urlaub getan hätte. Allerdings las ich nicht, sah nicht fern, dachte und sprach wenig. Mit unbeschreiblicher Leichtigkeit trug mich der Große Fluss des Lebens, der innerhalb des weiten Bewusstseins-Raumes dahinzieht.

In den Nächten schlief ich tief, traumlos und selig. Allerdings wachte ich stets irgendwann zwischen drei und sechs Uhr morgens auf. Wenn ich merkte, dass ich nicht sofort wieder einschlief, stellte ich das Kopfkissen an der Wand hoch, lehnte mich mit dem Rücken dagegen und spürte in meinen Körper hinein. Ich beobachtete das energetische Geschehen in ihm, bis ich von selbst wieder im Schlaf oder im Samadhi verschwand. Zwischen beiden machte ich keinen Unterschied mehr.

Ich hatte den Eindruck, dass diese morgendlichen Vorgänge nun anstelle meiner Übung im Sitzen geschahen, und sie waren mir willkommen. Sie fügten sich reibungslos in meinen Schlafrhythmus ein, ohne dass mir der Schlaf dieser Stunden fehlte.

19. Der Schmetterling und das Feuer

Am Freitag fuhr ich mit meinem instand gesetzten Wagen zur Hütte. Auf dem Weg dorthin überkam mich die Gewissheit, dass die Zeit meiner Einsiedelei sich ihrem Ende näherte. In Kürze würde ich die Hütte endgültig verlassen und wieder in die Welt zurückkehren, denn was ich bis jetzt erforscht und erkannt hatte, reichte für ein unkompliziertes, glückliches Leben.

Gegen Abend setzte ich mich zu Aiolan, der in der Nähe des Hauptgebäudes ein kleines Feuer angezündet hatte, in dem handgeschriebene Unterlagen verbrannten.

Schweigsam blickten wir in die Flammen. Es tat mir gut, neben ihm zu sitzen. Ich wusste nicht, ob Gedanken in ihm kreisten oder ob er bewusst war, bewusst zu sein; aber das war mir auch völlig egal. Ich sah diesen alten Zen-Lehrer, sah die Furchen in seinem Gesicht, das leise Lächeln, die schwieligen Hände, die von Zeit zu Zeit mit einem Stock das Feuer schürten. Manchmal waren seine Bewegungen fahrig, manchmal konzentriert. Ich liebte ihn – ich empfand eine überfließende Liebe für ihn, weil er so war, wie er war. Er hätte nicht anders sein dürfen; er war wundervoll!

„Ich werde in ein paar Tagen aus der Hütte ausziehen", sagte ich nach langem gemeinsamem Schweigen.

„Hast du gefunden, was du gesucht hast?", fragte Aiolan, ohne aufzusehen.

„Ja und nein. Ich habe Erleuchtung gesucht und Freiheit und Liebe gefunden."

„Kein Unterschied", erwiderte er und stieß mit dem Stock kraftvoll ins Feuer. Dann kicherte er glucksend vor sich hin.

„Kein Unterschied!", wiederholte er kichernd.

Ich konnte nicht anders, als ihn lieben.

Der große weite Raum öffnete sich. In ihm wurden zwei Männer wahrgenommen, ein Feuer, abfallende Wiesen, ein Fluss, ein gegenüberliegendes steiles Ufer, mit alten hohen Bäumen bewachsen, ein abendlicher Himmel, in dem Bussarde kreisend schwebten.

Ein Schmetterling erschien, spürte die Hitze des Feuers und umflog es in gebührendem Abstand. Im selben Augenblick drehte der Wind und blies den Schmetterling in die Flammen; ein kurzes Aufflackern.

Betroffen kehrte ich zur Hütte zurück. Ich empfand die absolute Gewissheit, dass ich keine Kontrolle über mein Sterben hatte. Ein Windhauch, eben noch von rechts, nun plötzlich von links kommend, würde mich dem Tod in die Arme werfen. Der Tod machte mir keine Angst; im Gegenteil. Er ist nur das endgültige Verlöschen des Ichs, identisch mit tiefstem Schlaf oder jedem Samadhi, den ich bis jetzt erlebt hatte. Ichlos würde ich glücklich sein, das wusste ich.

Aber ich fürchtete mich vor dem Sterben. Meine schrecklichste Vorstellung war, über Tage und Wochen in einem Krankenhausbett liegen zu müssen, an Schläuche angeschlossen, bewegungsunfähig und ohne die Möglichkeit, mich verständlich zu machen. Würde ich mich in diesem Zustand bewusst daran erinnern können, mich atmend zu entspannen, meinen Widerstand aufzugeben, mich an das hinzugeben, was von Augenblick zu Augenblick jeweils gerade war?

Verstört rauchte ich auf der Terrasse eine Zigarette. Natürlich wusste ich, dass meine Befürchtungen nur aus Gedanken bestanden. Aber die waren äußerst beängstigend, denn sie beschrieben einen Kontrollverlust.

Was konnte ich tun, um mich auf mein Sterben vorzubereiten?

Ich beschloss, in den nächsten Tagen wieder regelmäßig acht Stunden zu sitzen.

Natürlich ging das schon während der ersten Sitzeinheit schief. Gleich zu Anfang schlief ich ein, und nach dem Aufwachen gab es auf dem Stuhl kein Halten mehr für mich. Ich hatte mir nicht einmal genügend Zeit gelassen, irgendetwas Unangenehmes zu erleben – ich war nur augenblicklich aufgesprungen.

19. Der Schmetterling und das Feuer

Vor der Hüttentür atmete ich einige Minuten lang bewusst, dann setzte ich mich erneut in den Stuhl. Nichts zu machen! Nach wenigen Minuten stand ich einfach wieder auf, ohne dass es dafür einen ersichtlichen Grund gab; ich konnte das Aufstehen nur nicht verhindern.

Also aß ich unter dem Vordach irritiert mein Müsli. Danach unternahm ich einen weiteren Versuch, der ebenso kläglich scheiterte. Frustriert setzte ich mich mit der Gitarre aufs Bett. Sogleich tanzten meine Finger über die Saiten und frohlockten, sich bewegen zu dürfen. Völlig unbekannte Tonfolgen entzückten mich, und nachdem ich eine geraume Zeit fasziniert gespielt und dem Spiel gelauscht hatte, begann ich zu singen. Kurz darauf hörte ich Klänge, wie sie noch nie aus meinem Mund gekommen waren. Ich war gleichzeitig begeistert und versunken, spielte fast drei Stunden lang und genoss es, bis ich bemerkte, dass mir die Fingerkuppen wehtaten. Danach war ich sehr still.

Ich hätte dieses Gitarrenspiel versäumt, wenn ich mich gezwungen hätte zu sitzen. Wenn ich mich zwingen würde, mich auf mein Sterben vorzubereiten, würde ich mein Leben versäumen.

Natürlich musste ich irgendwann sterben und vielleicht dabei über Monate hinweg bewegungslos in einem Krankenhausbett liegen. Wer aber garantierte, dass mir meine jetzigen Vorbereitungen dann etwas nützten? Sicher war nur, dass ich während dieser Vorbereitungen auf mein Leben verzichtete, auf das Einzige, was *jetzt tatsächlich vorhanden* ist.

Glücklich sein können wir nur in diesem Augenblick. Wenn wir ihn dafür vergeuden, uns auf den nächsten Augenblick vorzubereiten, haben wir eine Chance zum Glücklichsein verpasst. Es besteht die Gefahr, dass wir uns im nächsten Augenblick aus Gewohnheit auf den übernächsten vorbereiten. Aber wann wollen wir dann leben und glücklich sein?

Ich trat in die Sonne vor der Hütte. Wie der Schmetterling hatte ich keinerlei Kontrolle über mein Sterben. Konnte ich diese Gewissheit akzeptieren?

Was sagen uns die Erwachten aller Zeiten immer wieder?

Dass das Leben sich ununterbrochen in einer Weise entfaltet, der wir vollkommen vertrauen dürfen, und dass wir in jedem Augenblick die Möglichkeit haben, zu akzeptieren, was jeweils gerade ist.

Was hinderte mich, den Weisen zu glauben? Warum sollte ich nicht von jetzt an einfach so tun, als sei mein Leben absolut vollkommen und mein Sterben ebenfalls?

Ich ging zum Seerosenteich, zog die Schuhe aus und stellte mich barfuß auf den sonnenwarmen Stein. Deutlich spürte ich meine Fußsohlen, sah die abfallenden Wiesen und den glitzernden Fluss, das ansteigende Ufer gegenüber, die alten hohen Bäume, den weißblauen Himmel. Nichts fehlte, alles war gut.

Vielleicht würde ich in jenem Krankenhausbett sehr unruhig sein und sehr darunter leiden, nicht sprechen und mich nicht bewegen zu können – einverstanden!

Keine Regeln! Kein Zurückhalten!
Nur sein, was jetzt ist!
Erleuchtung nebenbei.

Mit den Schuhen in der Hand ging ich zur Hütte zurück und packte meine Sachen. Ich wusste definitiv, dass ich mich nie wieder um irgendetwas bemühen würde.

„Felix, ich möchte deine Schülerin sein", sagte Carola bei unserem Abschied.

Ich war völlig verwirrt.

„Was willst du von mir lernen?", fragte ich. „Ich bin doch kein Guru! Und außerdem unterscheidet sich ein Guru weder auf der persönlichen Ebene von seinen Schülern noch auf der unpersönlichen. Er hat nichts, was ein Schüler nicht auch hätte – abgesehen von einer gewissen Leichtigkeit, mit der er dem Leben begegnet. Aber diese Erleichterung kann er nicht auf seine Schüler übertragen, denn wie sollte das gehen? Erleichterung verschafft nur das eigene Loslassen."

Ich ließ Carola sprachlos und verstört zurück.

In den 17 Jahren, die seit Inzell vergangen waren, hatte ich mich immer wieder Hilfe suchend an Swamiji gewandt. Tatsächlich wusste ich nur wenig über ihn. Er war nur eine Vorstellung in meinem Kopf, eine indirekte Projektion: Meine Bereitschaft, mich führen zu lassen, hatte in meinem Verstand das Bild eines Gurus erschaffen, dem ich vertrauen konnte. In Wirklichkeit war das bewusste Sein stets mein Lehrer gewesen, und nur irrtümlich hatte ich es „Swamiji" genannt.

Das Bedürfnis, Schüler zu sein,
erzeugt die Illusion,
einem Lehrer zu begegnen.

Ich suchte Aiolan, um mich von ihm zu verabschieden, fand ihn jedoch nicht. Also schrieb ich eine Nachricht für ihn auf einen Zettel, den ich gut sichtbar in der Küche platzierte. Dann fuhr ich nach Hause und rief von dort Silence an.

„Ich bin zurück im Leben", sagte ich, „und würde dich gern wiedersehen."

„Oh ja, ich dich auch! Passt es dir gleich heute Abend?"

20.
Dualität und Realität

Wenn die Energie des Bewusstseins auf das menschliche Gehirn trifft, wird sie dort nach dem binären System codiert: Es bilden sich Impulsketten von Null und Eins. Null (kein Impuls) entsteht dort, wo die Rezeptoren unempfänglich für die Lebensenergie sind; Eins (ein Impuls) entsteht dort, wo sie empfänglich sind. Auf diese Weise wird ein Gesamtgeschehen (Energiefluss) in Einzel-Ereignisse (Impulse) zerhackt, die vom Gehirn als Informationen verstanden werden und ihm ein Bild der Wirklichkeit vermitteln.

Der Vorgang gleicht der Arbeitsweise eines PCs, und das „Bild der Wirklichkeit" ist in beiden Fällen virtuell – es zeigt nicht die Wirklichkeit, sondern *die Wirklichkeit, aufgelöst nach einem binären System*.

Der individuell gefärbte Verstand versucht, diese Einzel-Ereignisse zu begreifen und klassifiziert sie. Sobald ein Ereignis jedoch als positiv eingestuft wurde, ist dadurch sein negatives Gegenteil *zwingend festgelegt*. Denn das binäre System kennt nur zwei gegenläufige Möglichkeiten: einen Impuls (positiv) oder keinen Impuls (negativ). Dementsprechend ist in unserem Kopf das Abbild der Wirklichkeit *dual*. Es besteht aus jeweils zwei Gegensätzen: positiv oder negativ, Tag oder Nacht, Leben oder Tod, gut oder böse, Liebe oder Hass, Krieg oder Frieden, Erfolg oder Misserfolg, jung oder alt, angenehm oder unangenehm usw.

● **Da das Gehirn nach einem dualen Prinzip funktioniert, hat der Mensch den Eindruck, in einer Welt der Gegensätze zu leben.**

Von diesen Gegensatz-Paaren möchten wir allerdings nur die bessere Hälfte erleben und bemühen uns, den Kontakt mit der Kehrseite der Medaille zu vermeiden. Aber das ist unmöglich, weil das Leben ein *Gesamtgeschehen* ist: Es gibt im Leben weder Einzel-Ereignisse, noch Gegensatz-Paare! Wir versuchen, Dinge anzustreben oder auszuschließen, die in Wirklichkeit nicht existieren, und sind frustriert, wenn das nicht klappt.

Dabei ist vollkommen offensichtlich, dass unsere duale Weltsicht irreal und illusionär ist. Denn was wir für „schön" halten, findet unser Nachbar „hässlich", und umgekehrt. Was wir als „großes Unglück" bezeichnen, empfindet ein anderer Mensch als „einen großen Glücksfall", und was wir „gesund" nennen, gilt für andere als „krank". Wenn wir meinen, es sei „schon zu spät", meinen andere, es sei „noch früh genug", und der „Erfolg", über den wir uns freuen, ist für jemand anderen ein „ärgerlicher Misserfolg".

Leider haben wir zum jetzigen Zeitpunkt keine andere Möglichkeit, als das Leben *dual* zu erfahren. Wir können zwar noch andere Möglichkeiten denken, aber unsere ursprünglich duale Sichtweise ändert sich dadurch nicht. Deshalb scheitern all unsere intellektuellen Versuche, die Wirklichkeit als multipel oder einheitlich zu verstehen – im Zweifelsfall verlassen wir uns doch lieber spontan auf das duale Bild in unserem Kopf.

● **Dualität ist ein virtuelles Konstrukt des menschlichen Gehirns, das die Energie des Bewusstseins anders nicht verarbeiten kann.**

Aufgrund dieser dualen Verarbeitungsweise kommt es im menschlichen Verstand unentwegt zu beiläufigen Konstruktionen, zu Nebenprodukten. Unser Zeit-Verständnis ist ein solches Nebenprodukt, denn wenn es als Einzel-Ereignis ein „Jetzt" zu geben scheint, muss als Gegensatz dazu ein „Nicht-Jetzt" (Vergangenheit oder

Zukunft) gedacht werden. Auch unser Raum-Verständnis ist ein duales Nebenprodukt, denn wenn es „hier" zu geben scheint, ist auch „dort" denkbar. Ein drittes mentales Nebenprodukt ist unser Verständnis von Kausalität, denn wenn eine Ursache imaginiert wird, muss auch eine Wirkung vorstellbar sein.

- **Zeit, Raum und Kausalität sind virtuelle Konstrukte des Verstandes, der über eine Dualität nachdenkt, die in Wirklichkeit nicht existiert.**

In der Realität des tatsächlich Vorhandenen gibt es weder Einzel-Ereignisse noch Gegensätze. Tag und Nacht, Leben und Tod, gut und böse sind *nicht* zwei. Denn wann *genau* beginnt der Tag und wann *genau* endet er, damit die Nacht beginnen kann? Wo *genau* verläuft die Trennung zwischen Tag und Nacht, Leben und Tod, gut und böse? Diese Trennung verläuft *genau* im menschlichen Verstand und nirgendwo sonst.

- **Bewusstsein in Bewegung sendet ununterbrochen *dieselbe* Lebensenergie aus.**

Erst im menschlichen Gehirn wird sie entsprechend der Rezeptoren „dualisiert" und dann auch noch „individuell eingefärbt". So entsteht aus der ursprünglichen Einheit eine Dualität, die sich weiter aufsplittert in eine Vielheit der Gegensätze. Aber all dies sind nur mentale Konstruktionen, virtuelle Scheinwirklichkeiten.

- **Bewusstsein erschafft durch eine *einheitliche*, ständig wiederkehrende Bewegung, die bewusst, intelligent und kreativ ist, alle Dinge. Es verbindet sie miteinander und beobachtet zeitgleich ihr passgenaues Zusammenspiel.**

20. Dualität und Realität

Wir können zwar „die Impulse" des Bewusstseins als unterschiedliche Objekte wahrnehmen, nicht jedoch erkennen, dass sie ursprünglich *einheitlich*, d. h. *undifferenziert* waren, denn sie werden uns vom Gehirn *dual* präsentiert. Im Zusammenspiel von Sinnesorganen und Gehirn haben wir auch nicht die Möglichkeit zu erkennen, wo genau sich die binären Informationen befinden – innen oder außen, im Gehirn oder in der Welt. Deshalb scheint sich ein Teil der wahrnehmbaren Objekte „innen" zu befinden und ein anderer Teil „außen". Ebenfalls unmöglich ist uns, die Quelle zu erkennen, aus der unentwegt jene Lebensenergie hervorsprudelt. Mit anderen Worten: Wir sind vollkommen blind für die Wirklichkeit.

- ***Bewusstes Sein* ist die einzige Realität. Es ist das Einzige, was tatsächlich vorhanden ist, und es ist überall.**

Als der ewige Beobachter im Hintergrund registriert das Bewusstsein, was geschieht: Es nimmt die eigene Bewegung als unpersönliche Lebensenergie wahr, sieht, wie diese im Gehirn dualisiert und vom Verstand individualisiert wird, erkennt, wie und wo jener Mensch unterschiedliche Objekte wahrnimmt und was er über sie denkt.

Nachdem mich der Weise in Assisi darauf hingewiesen hatte, dass meine Welt nur im Verstand existiert, fand ich in der Gedankenleere eine Möglichkeit, das Denken zeitweise anzuhalten. Den Zustand des Nicht-Denkens erlebte ich als angenehm, aber er führte mich nicht zum geheimnisvollen Bewusstsein. Denn alle Meditationstechniken richten sich auf irgendwelche *Objekte* (Mantras, Gebete, Atem, Gedankenleere usw.), zielen aber nicht auf das Bewusstsein selbst, auf das alleinige *Subjekt*. Deshalb bleibt es weiterhin verborgen, auch wenn die besagten Techniken gewissenhaft und regelmäßig geübt werden.

- **Solange sich die Aufmerksamkeit auf ein Objekt richtet, wird das wahrnehmende Subjekt übersehen.**

Unzählige Sucher glauben, alles über das Bewusstsein zu wissen, haben es aber noch nie bewusst erlebt. Das Wissen ist unbrauchbar, denn Bewusstsein kann nicht verstanden werden – weil es kein Objekt ist. Aber weil wir Bewusstsein *sind*, können wir bewusst *sein*!

- **Bewusstes Sein ist hellwache Aufmerksamkeit, die sich auf die Tatsache richtet, bewusst zu sein, *während* innere und äußere Wahrnehmungen gemacht werden.**

Im Bewusstsein, bewusst zu sein, erscheinen alle Objekte und vergehen auch wieder – das Subjekt bleibt permanent und unwandelbar vorhanden. Allerdings können wir es nicht verstehen und genau genommen auch nicht wahrnehmen, weil es in der Dualität nicht vorhanden ist. Unsere einzige Möglichkeit besteht darin, es zu *sein*.

- **Wenn wir bewusst sind, spüren wir das, aber sobald wir unser bewusstes Sein begreifen wollen, verlieren wir es.**

Nachdem wir das Bewusstsein einmal identifiziert haben, werden wir es im Alltag wiedererkennen und versuchen, im Kontakt mit ihm zu bleiben, sobald es sich uns zur Verfügung stellt. Wir sind so wach wie möglich und entziehen uns damit der tranceähnlichen Abwesenheit, in der wir sonst vor uns hinleben.

Bei alltäglichen Verrichtungen, die keine Verstandesaktivität erfordern, können wir uns an das Bewusstsein gewöhnen, bewusst zu sein, können wir unsere Wachheit üben, unser Erwacht-Sein. Wir weigern uns entschlossen, in diesen Zeiträumen unseren Gedanken nachzugehen, uns mit Sorgen, Ärger oder anderen mentalen Problemen zu beschäftigen, die *jetzt und hier nicht real sind*. Stattdessen richten wir unsere Aufmerksamkeit von Augenblick zu Augenblick auf die Tatsache, bewusst zu sein, wach und vorhanden zu sein.

Dabei ziehen die wahrnehmbaren Objekte mit hoher Geschwindigkeit durch das Bewusstsein: Ständig sehen und hören wir etwas anderes, ständig schmecken, riechen und tasten wir Unterschiedliches, ständig wechseln Gedanken, Emotionen und intuitives Begreifen, ständig bewegt sich der Körper und führt Handlungen aus.

Wichtig ist, mit unserer Aufmerksamkeit an keinem dieser Objekte hängen zu bleiben. Stattdessen haften wir unser Interesse ausschließlich an das wahrnehmende Bewusstsein. Auf diese Weise können wir uns wie gewohnt über alle Sinneseindrücke freuen oder ärgern, *solange sie tatsächlich vorhanden sind*, aber wir verzichten entschlossen darauf, später über sie nachzudenken.

Der Verstand produziert Gedanken, wie die Niere Urin produziert. Falls wir das Nachdenken über unsere Erlebnisse für interessanter halten als das jeweils aktuelle Erleben selbst, versäumen wir den größten Teil des tatsächlich Vorhandenen. Sobald wir uns jedoch desinteressiert von den Gedanken abwenden, verringert sich ihre Produktion und wir erfahren das Leben direkt und unmittelbar.

● **Unser Erleben wird durch das Bewusstsein, bewusst zu sein, nicht geschmälert, sondern in bisher unvorstellbarem Maß bereichert.**

Auf Spaziergängen oder in stressfreien Situationen können wir den Kontakt zum Bewusstsein üben, und bald ergeben sich weitere

Gelegenheiten, die genutzt werden wollen. Denn jeden Tag laufen etliche Dinge anders, als wir es gehofft hatten, und gerade in diesen Stress- oder Konfliktsituationen können wir die dualen Erscheinungen durchschauen. Im Vertrauen darauf, dass es sich bei jeglichem Geschehen um eine Illusion handelt, können wir innehalten, ohne sofort zu reagieren. Stattdessen beobachten wir das Ereignis in dem Bewusstsein, bewusst zu sein; ansonsten tun wir nichts.

Dabei offenbart sich die Scheinwelt in unserem Kopf; wir erkennen sie als Illusion, erleben Wellen undifferenzierter Energie und erfahren umgehend das intelligente und kreative Wirken des Bewusstseins, das diese Situation nun ohne unser Zutun wandelt. Diese Wandlung geschieht natürlich immer noch auf der dualen Ebene und ist immer noch eine Illusion, aber wir halten sie nicht länger für Realität.

Da während des bewussten Seins hauptsächlich Gedankenleere herrscht, entfallen die dualen Bewertungen des Verstandes, und obwohl wir weiterhin persönliche Vorlieben haben, gibt es für uns keinen Grund, einen Teil des Lebens anzustreben und einen anderen Teil zu vermeiden. Wir akzeptieren grundsätzlich *beide* Seiten der Medaille und erfahren so statt gegensätzlicher Einzel-Ereignisse ein einheitliches Gesamtgeschehen. Darin schwingen ein stiller Frieden und ein sanftes Glücksempfinden, die kein Gegenteil kennen, weil sie nicht aus mentaler Bewertung entstanden sind.

Anfangs hatten wir den Eindruck, mit unserer Übung das Bewusstsein zum *Objekt* des Bewusstseins zu machen. Im Laufe der Zeit wird jedoch immer deutlicher, dass es hier keine Subjekt-Objekt-Beziehung gibt. Das Gefühl „*Ich* bin bewusst" oder „*Bewusstsein* wird wahrgenommen" löst sich auf und hinterlässt ein undefinierbares und nicht lokalisierbares Empfinden von bewusstem Sein – die Einheit beginnt, durch den Schleier der Illusionen hindurchzuschimmern.

In diesem Stadium unseres Wachseins bemerken wir mit zunehmender Klarheit, dass Zeit, Raum und Kausalität mentale Konstrukte sind, die im Leben nicht real sind. Unser Zeit-Empfinden wird durch eine intensive Präsenz ersetzt, die nicht einmal ein „Jetzt" kennt, und obwohl wir weiterhin Termine einhalten, haben „Vergangenheit und Zukunft" ihre Bedeutung verloren. Unser Raum-Empfinden besteht in der Gewissheit von Vorhandensein, in dem kein „Hier" existiert, so dass die Vorstellung „Dort" entfällt. Außerdem erfahren wir unentwegt, dass Ereignisse stattfinden, ohne dass sie eine Ursache oder eine Wirkung haben.

Bewusstsein in Bewegung kreiert ein universelles Geschehen, in dem alles miteinander verknüpft ist. Dieses unpersönliche Gesamtgeschehen wird vom Menschen als „einzelne persönliche Erlebnisse" gedeutet, denn während es stattfindet, kommentiert und bewertet der Verstand es ununterbrochen. Sobald wir unseren Gedanken glauben, entsteht parallel zum Leben eine Welt im Kopf, die mit der Realität nicht das Geringste zu tun hat. Auf diese mentale Illusion sind wir jedoch derart fixiert, dass wir das tatsächlich Vorhandene nicht mehr wahrnehmen können.

> **Alles scheint so zu sein, wie man es sich jeweils gerade denkt, und aus diesem Teufelskreis persönlicher Illusionen gibt es kein Entkommen, solange gedacht wird.**

Erst wenn wir im gedankenleeren Bewusstsein, bewusst zu sein, durch unseren Alltag wandern, wechselt unser Erleben von der Ebene mental-sensorischer Illusionen auf eine energetische Ebene von großer Lebendigkeit, Vollkommenheit und Schönheit. Dort findet ohne Gedanken ein intuitives Begreifen statt, das anfangs Illusion und Realität eindeutig voneinander trennt und später ihre Einheit offenbart.

Um glücklich zu leben und angstfrei zu sterben, genügt es, die Welt als Illusion zu erfahren und ihre dualen Erscheinungen als Nicht-Zweiheit zu erleben. Aber manchmal erschafft das Bewusstsein sich selbst als einen überaus neugierigen Menschen, der nicht nur die Illusion erkennen, sondern auch *die Quelle der Lebensenergie* erforschen möchte: den Urgrund, das absolute in sich ruhende Bewusstsein.

Ein solcher Mensch findet Möglichkeiten, äußerst wach in die unbewegte Stille des Großen Mysteriums vorzudringen, und falls er auf jenem schmalen Pfad gelegentlich den Kontakt zu sich selbst als Bewusstsein verlieren sollte, wird es ihm zuflüstern:

- **Was auch immer geschieht – sei still und wisse: Ich bin!**

21.
Mitten im Leben

Erwachen ist kein Ziel.
Erwacht-Sein will geübt werden!
Silence

Nach meiner Rückkehr aus der Hütte in die „normale" Welt veränderte sich mein äußeres Leben kaum. Der Verstand brauchte lange, um diese Tatsache zu akzeptieren, denn er hatte mir vorgegaukelt, alles würde nun anders werden. Aber das waren lediglich seine Gedanken, und er musste sich schließlich damit abfinden, dass sie nicht real waren.

Ich arbeite weiterhin anderthalb Tage pro Woche in der Tagesstätte und schreibe wieder an einem Buch. Ich lebe mit einer Frau zusammen. Ich rauche und nasche manchmal zu viel, sehe manchmal nachts zu lange fern, ärgere mich manchmal über das verrückte Weltgeschehen.

Eigentlich findet alles genauso statt wie zuvor, als hätten die 64 Tage, die 800 Stunden Übung in der Hütte keinerlei Einfluss auf die folgende Lebensgestaltung gehabt – und dennoch ist alles neu!

Die Erkenntnis, kein individuelles Ich zu sein, das in diesem Körper steckt und das eigene Leben lenkt, beseitigte nicht die charakteristischen *Funktionen* des psychosomatischen Systems, das als Felix durch die Welt läuft. Die Einsicht, dass ich nicht meine Persönlichkeit bin, schenkt mir jedoch die Freiheit, geistige und körperliche Bedürfnisse möglichst umgehend zu erfüllen, ohne den Urteilen des Verstandes zu glauben. Der kritisiert zwar manchmal, was ich meiner persönlichen Natur entsprechend tue oder nicht tue, aber er empört sich viel seltener als früher darüber. Denn er hat sich daran gewöhnt, dass ich seine Kritik zwar zur Kenntnis nehme, sie jedoch in meinem Handeln nicht berücksichtige.

Ich weiß unbeirrbar, dass das individuelle So-Sein sich *immer* in absoluter Harmonie mit dem Gesamtgeschehen des Lebens befindet, und sehe keine Notwendigkeit mehr, meinen authentischen Ausdruck zu behindern. Erstaunlich ist, dass im Laufe der Monate meine Vorlieben und Abneigungen, meine Eigenarten und Gewohnheiten ihre Zwanghaftigkeit verloren haben. Einzelne psychische Aspekte drängeln sich nicht mehr in den Vordergrund, weil sie mir stets willkommen sind, und mittlerweile ist völlig gleichgültig, ob das entsprechende Verhalten ausagiert wird oder nicht.

Vielleicht kann ich deshalb wie ein spielendes Kind leben, das seiner eigenen Persönlichkeit keinerlei Beachtung schenkt. Die Freude, zu sein, erleuchtet meinen Alltag, und ich habe vergessen, etwas sein zu wollen.

Ich mache meine Übung nicht jeden Tag im gepolsterten Stuhl, aber frühmorgens im Bett, falls ich aufwache und nicht sofort wieder einschlafen kann. Oft sehe ich dann, wenn ich mein Kopfkissen hochstelle, dass Silence bereits auf ihrem hochgestellten Kissen ruht.

Obwohl im Laufe der Zeit manches Ereignis in ihr Leben trat, das vom Verstand durchaus als unangenehm oder Besorgnis erregend bezeichnet werden konnte, erlebe ich die geliebte Gefährtin immer nur friedvoll und fast immer glücklich. Sie hält keinen ihrer Gedanken über sich selbst oder das Leben für real. Und weil sie diesen Gedanken nicht glaubt, projiziert Silence sie nicht auf mich. Das ist natürlich äußerst wohltuend für unser Zusammensein und entzieht jeglicher Beziehungsproblematik den Nährboden, zumal ich mich genauso verhalte. Beide begreifen wir das authentische So-Sein als eines der größten Geschenke des Daseins und ehren es entsprechend.

Unser Leben ist voller Freude und Lachen, fern von jeglicher Anstrengung und jenseits aller Probleme. Wir lieben es, lange Wanderungen in der Natur zu unternehmen, durch die Münchner Innenstadt zu bummeln, in Cafés zu sitzen, gemeinsam zu kochen und uns aus Büchern vorzulesen, die uns interessieren. Da wir beide wissen, dass Gedanken nicht real sind, schweigen wir häufig und laben uns an unserer stillen Nähe.

Wir genießen die Erfahrung, das Leben mit einem Minimum an Überlegungen zu leben. Es entfaltet sich auch ohne unser Zutun und ohne unsere gedanklichen Kommentare auf eine Art und Weise, die uns ständig sowohl überrascht als auch erfreut. Obwohl wir weiterhin gelegentlich Pläne machen, haben wir beide nicht die geringste Erwartung, dass sie sich auch verwirklichen. Das Leben ist einfach so, wie es ist, und Pläne zu machen, gehört dazu. Aber dem Leben scheinen unsere Pläne manchmal ziemlich egal zu sein – und das ist dann auch uns ziemlich egal.

Bereits in der Hütte hatte ich meine sexuellen Vorlieben als gedankliche Konstruktionen erkannt, und schon in den ersten Wochen meines Zusammenseins mit Silence fielen sie von mir ab. Überglücklich erlebte ich eine Sexualität, die nicht meinen erotischen *Vorstellungen* entsprang, sondern dem Liebesakt selbst, und sie war absolut köstlich.

Wer die Wahrheit sucht, sucht die Realität. Ohne Einmischung der Gedanken ist sie klar und deutlich zu erkennen: Realität ist das, was tatsächlich vorhanden ist. Unser Gedanke „Es sollte anders sein!" erzeugt einen Schleier von Illusion zwischen unserem Erkennen und der Wirklichkeit.

Alles, was wir über das Leben *denken*, ist Illusion, Traumgebilde. Realität ist, dass Lebewesen, Dinge und Ereignisse vom Bewusstsein wahrgenommen werden. Über die wahre Natur dieser Objekte bleiben wir völlig im Unklaren. Deshalb versucht der Verstand, sie uns mithilfe von logisch-kausalen Gedanken zu erklären; die halten wir dann für real. Aber Gedanken sind und bleiben Illusionen, ganz gleich, ob wir ihnen glauben oder nicht. Die wahre Natur der Realität können sie uns niemals vermitteln.

Worin besteht eigentlich der Unterschied zwischen unserem Wachzustand und unserem Traumzustand? Nur weil im Tagesverlauf unser Körper auf Ereignisse reagiert, glauben wir, wach zu sein, und halten diese Ereignisse für Realität – aber unser Körper reagiert doch auch, wenn wir träumen!

Während meiner Übung hatte ich die unbezweifelbare Erfahrung gemacht, dass weder Schmerz noch Lust *Empfindungen innerhalb des Körpers* sind. Es handelt sich um neutrale Wellen von Lebensenergie, die der Verstand als Schmerz oder Lust interpretiert und auf den Körper projiziert.

Diesen Vorgang können wir sehr genau beobachten, wenn wir nachts mit einer Mücke das Zimmer teilen. Nachdem wir in der Dunkelheit ihr Sirren gehört haben, beginnt unser Körper, an allen möglichen Stellen zu jucken, als würde das Insekt sich dort niederlassen in der Absicht, uns zu stechen. Ein paar Mal versuchen wir, die Mücke zu vertreiben; schließlich machen wir Licht, um sie zu erschlagen. Da sehen wir, dass sie seelenruhig in einer Zimmerecke sitzt und schläft. Nur unser Verstand hatte sie auf unseren Körper projiziert, und daraufhin war das Phänomen des Juckens entstanden.

Der Körper scheint auf Gedanken, Emotionen und äußere Reize (wie lustvolle oder schmerzhafte Berührungen) zu reagieren. Aber all diese Reaktionen finden nicht im Körper statt, sondern im Verstand – deshalb können wir Schmerzen oder Lust *vergessen*, indem wir an etwas anderes *denken*, und deshalb sehnen wir uns nach Schlaf, wenn uns etwas wehtut. Im Tiefschlaf ruht nicht das Bewusstsein, sondern unser Verstand. Der kann dann, weil er schläft, die Lebensenergie nicht mehr auf den Körper projizieren, und folglich empfinden wir im Tiefschlaf keinen Schmerz, keine Lust, keine sonstigen Körpergefühle.

Im Traumzustand jedoch ist der Verstand aktiv. Von Energie durchpulst, projiziert er seine Bilder: Obwohl unsere Augen geschlossen sind, *sehen* wir beim Träumen Menschen, Dinge und Landschaften, und machen viele deutliche Körpererfahrungen.

Als ich 16 Jahre alt war, zeigte ich einem Freund in einer Zeitschrift einen Bericht mit dem Titel „Die wahre erotische Geschichte". Ich behauptete, die leicht bekleidete Frau auf dem dazugehörigen Foto zu kennen. Sie heiße Michaela, erzählte ich, und würde am nächsten Tag für mich strippen. Falls er dabei sein wollte, habe sie nichts dagegen.

Am nächsten Tag kam er zu mir nach Hause, und ich schlug ihm vor, die Zeit bis zu Michaelas Eintreffen mit einigen hypnotischen Experimenten zu verbringen. Er war neugierig und einverstanden; also versetzte ich ihn in Trance.

Vorher hatte ich ohne sein Wissen unsere Putzfrau gebeten, zu einer bestimmten Zeit an der Haustür zu läuten. Als sie das tat, sagte ich dem Freund, dass Michaela nun gekommen sei, und bat ihn, weiterhin in Trance zu bleiben und die Augen weiterhin geschlossen zu halten.

Ich ging an die Haustür, bedankte mich bei unserer Putzfrau, verabschiedete sie und kehrte allein in mein Zimmer zurück. Dabei tuschelte ich leise, als spräche ich mit jemandem. Dann erklärte ich meinem immer noch hypnotisierten Freund, dass Michaela sich bereits im Zimmer befände und sich jetzt für uns ausziehen wolle. Sie stünde direkt vor uns, und er könne die Augen öffnen.

Als er das tat, war ich für einen Moment unsicher, ob er tatsächlich eine Frau *sah*, aber dann verzog sich sein Mund zu einem verlegenen Lächeln – er *sah* sie!

Nun beschrieb ich ihm, wie Michaela sich auszog, und als sie angeblich ihren Rock zu Boden rutschen ließ, folgten seine Augen der Bewegung bis zum Fußboden. Somit war eindeutig, dass er das gesamte Geschehen *sah* und für Realität hielt, obwohl es nur auf meiner verbalen Beschreibung basierte. In Wirklichkeit war das Zimmer vor uns leer.

Fasziniert von der Macht der mentalen Illusion wagte ich nun, zu behaupten, dass die nackte Michaela sich vorbeuge, damit er ihre Brüste anfassen könne.

Tatsächlich hoben sich seine Hände und tätschelten die leere Luft vor ihm.

Schließlich ließ ich Michaela die Show beenden, sich wieder ankleiden und mit einem Winken aus dem Zimmer gehen. Dann bat ich meinen Freund, die Augen zu schließen, gab ihm die Suggestion, die ganze Zeit über *nicht* in Hypnose gewesen zu sein, und holte ihn dann aus der Hypnose zurück in den Wachzustand.

Er war begeistert von Michaelas Strip, und während wir rauchten, diskutierten wir ihre Darbietung und die Festigkeit ihrer üppigen Brüste. Noch Wochen später sprach er zu seinen Freunden über dieses Erlebnis und erzählte ihnen, dass er gemeinsam mit mir seine erste nackte Frau *gesehen* und *angefasst* hatte.

In Wirklichkeit hatte mein Freund nur mit offenen Augen in das leere Zimmer gesehen und mit leeren Händen in die Luft gegriffen. In Wirklichkeit hatten nicht seine *Augen* Michaela gesehen und nicht seine *Hände* Michaelas Brüste berührt, sondern sein *Bewusstsein*. Und in Wirklichkeit hatte sich Michaela nicht direkt vor ihm befunden, sondern einzig und allein in seinem Verstand, der von mir manipuliert worden war.

In Wirklichkeit wird die Welt nicht von unseren Augen gesehen und nicht von unseren Händen berührt, sondern von unserem Bewusstsein. Und in Wirklichkeit befindet sich die Welt nicht direkt vor unseren Augen, sondern einzig und allein in unserem Verstand, wo sie vom Bewusstsein wahrgenommen wird.

Damals war ich allerdings nicht in der Lage, das zu erkennen.

Im August kehrte ich aus der Hütte zurück und im folgenden Frühjahr fuhren Silence und ich in den Norden, um meine Mutter zu besuchen. Vor der Heimreise nach München bummelten wir ausgiebig durch die Stadt, in der ich 33 Jahre lang gelebt hatte.

Nach unserer Rückkehr schlug in München ein Erkenntnisblitz in mein Bewusstsein und entfachte unbändige Wut. Ich erkannte, dass mein gesamtes Leben in jener norddeutschen Stadt auf einer grandiosen Illusion beruht hatte, der sowohl meine Eltern als auch ich erlegen waren. Sie hatten daran geglaubt und es mir stets vermittelt, dass unsere Stadt und unser Leben von erheblicher Bedeutung wären, dass wir dort großes Ansehen genössen und wichtige Persönlichkeiten seien.

Aufgrund dieser scheinbaren Wichtigkeit der Stadt, der Firma und unserer Familie hatte ich schon als Kind die Erziehung zum Kaufmann erhalten und später als Erwachsener ein entsprechendes Leben geführt. Aber diese Wichtigkeit hatte nirgendwo anders existiert als in den Köpfen meiner Eltern und mir. Tatsächlich betrachteten viele unserer Mitmenschen uns als ziemlich unwichtig, unser Tun als ziemlich bedeutungslos und unser Leben als ziemlich sinnlos – während wir dasselbe Empfinden ihnen gegenüber hatten.

Meine Eltern hatten sich selbst, unsere Firma, unsere Stadt und auch mich maßlos überschätzt, und wir drei hatten uns ein Leben aufgebürdet, das auf dieser Illusion beruhte.

Mit großem Schmerz und großer Wut erkannte ich, dass sich in München die Illusion fortgesetzt hatte. Sie hatte lediglich andere Inhalte bekommen. Ich hatte meine Wichtigkeit zwar im Vergleich zu damals deutlich heruntergestuft, mich aber immerhin noch für einen bedeutenden Psychotherapeuten und selbstverständlich für einen großartigen Wahrheitssucher gehalten. In Wirklichkeit jedoch spielte ich in der Gesamtheit des Lebens damals wie heute nur eine winzig kleine Rolle, die in diesem unendlichen Universum absolut bedeutungslos ist.

Aufgewühlt berichtete ich Silence von der Erkenntnis, und nachdem ich stundenlang empört über das Drama und die Tragik all meiner Illusionen gesprochen hatte, bat ich sie schließlich, dazu irgendetwas zu sagen.

Sie schwieg lange.

„Ja", sagte sie dann, „genauso ist es. Das ist die Illusion der Welt. Wir alle erliegen ihr so lange, bis wir innehalten und sie erkennen. Um den Schmerz, den du jetzt erlebst, nicht spüren zu müssen, träumen wir weiter und weigern uns, den Traum als Illusion zu entlarven. Du hast richtig erkannt, dass unser weltliches Leben in sich selbst keine bestimmte Bedeutung trägt. Nur unser Verstand erzeugt eine Illusion von Bedeutung, Wichtigkeit und Sinn. Es ist eine persönliche Meinung, eine mentale Bewertung, die von unterschiedlichen Personen unterschiedlich vergeben wird. Diese Bedeutung wird den Dingen und Ereignissen beliebig verliehen und sie wird je nach Belieben wieder entzogen. Auf die persönliche Meinung ist absolut kein Verlass."

„Dann sehe ich keinen Grund mehr, weiterzuleben!", sagte ich wütend und über jedes erträgliche Maß hinaus enttäuscht.

„Auch nicht, wenn ich jetzt mit dir einen Cappuccino trinken gehe?"

Ich wurde wieder sehr wütend und überlegte ernsthaft, was es noch für einen Sinn hatte, weiterzuleben. Aber es war völlig eindeutig, dass es *keinen* Sinn hatte.

Jetzt ahnte ich auch, warum das alles so gekommen war: Da mein Verstand fast ununterbrochen still war, wenn sich meine Aufmerksamkeit auf das bewusste Sein richtete, hatten alle Dinge jene Bedeutung, Wichtigkeit und Sinnhaftigkeit verloren, die ihnen nur von unseren Gedanken verliehen werden. Ohne mentale Kommentare ist tatsächlich alles, was wir sind und tun, auf eine völlig unbestimmbare Weise gleichwertig.

Als wir in dem Café saßen, sah mich Silence liebevoll an.

„Schau", sagte sie, „ist es nicht schön, hier zu sitzen und Cappuccino zu trinken? Warum sollte es darüber hinaus noch eine Bedeutung oder einen Sinn haben? Es ist einfach nur Kaffeetrinken. Genügt das nicht vollkommen? Und solange wir dieses Kaffeetrinken nicht für besonders wichtig halten, gibt es auch kein Problem, wenn es *nicht* stattfindet."

Ich begriff, dass sie die Wahrheit sagte, und Freude flammte wieder in mir auf.

Es hatte keinen Sinn gehabt, dass ich mich 14 Jahre lang bemüht hatte, Abitur zu machen, und es hatte keinen Sinn gehabt, dass ich mich 11 Jahre lang bemüht hatte, Kaufmann zu sein – es war einfach nur geschehen. Es hatte damals keine Bedeutung gehabt, und es hat heute immer noch keine.

Es spielt nicht die geringste Rolle, ob meine Vergangenheit so war, wie sie war, oder anders gewesen wäre. Denn was immer mein Verstand in mein Leben hineindeutet, ist Illusion. Das Leben findet einfach auf eine Weise statt, die wie „unser persönliches" Leben aussieht; das ist alles. Wichtig oder unwichtig erscheinen bestimmte Einzelheiten nur unserem Verstand.

Jede Bedeutung, jeder Sinn, jede Wichtigkeit, die wir einer Sache oder einem Ereignis verleihen, bringt zwangsläufig Anstrengung mit sich. Denn sofort fühlen wir uns gezwungen, entsprechend zu handeln, da wir jene Sache oder jenes Ereignis nun haben oder behalten wollen. Augenblicklich bemühen wir uns daraufhin, das zu tun, was uns dafür notwendig erscheint.

In dem Wissen, dass mein Leben weder bedeutend noch unbedeutend war und ist und dass ich ihm auch keine spezielle Bedeutung beimessen muss, entspannte ich mich. Die letzten Reste meines Selbstbildes verschwanden in die Leere, in das Nichts, aus dem sie immer bestanden hatten. Eine unbeschreibliche Glückseligkeit überschwemmte meinen Körper.

Ich wusste, dass ich absichtlich niemandem psychischen oder körperlichen Schaden zufügen würde, weil mir das nicht entsprach. Damit war mein Hauptanliegen erledigt, und ich sah, dass ich mich in Zukunft nie wieder um irgendetwas bemühen musste. Jegliche Motivation, irgendetwas Besonderes zu tun oder nicht zu tun, zu sein oder nicht zu sein, zu erleben oder nicht zu erleben, fiel von mir ab.

Ich verlor die Überzeugung, eine bestimmte Person zu sein, die ein bestimmtes Leben führt. Das alles waren nur meine eigenen illusionären Vorstellungen gewesen. Ich empfand intensive Freude und wusste, dass ich niemals wieder irgendetwas haben oder nicht haben wollen würde, da alles von gleichem Wert ist.

Seitdem ist mir nichts anderes mehr wichtig als das, was gerade ist, und nichts davon hat besondere Bedeutung für mich. Das Leben ist einfach nur, wie es jeweils gerade ist, und ich bin einfach nur, wie ich jeweils gerade bin. Das genügt, um vollkommen glücklich zu sein.

Während des Alltags achtete ich wie gewohnt auf die Tatsache, bewusst zu sein. Der große weite Raum, den ich als Bewusstsein empfand, war *nicht still*, weil alle Geräusche durch ihn hindurchzogen, und *nicht leer*, weil alle Objekte in ihm erschienen. Sobald ich meine Aufmerksamkeit auf ihn richtete, entstand jedoch der Eindruck von *Größe* und *Weite*. Damit verlor das Bewusstsein seine Subjektivität und wurde zu einem wahrgenommenen Objekt: großer weiter Raum.

Inzwischen wusste ich, dass Bewusstsein das einzige Subjekt ist und deshalb niemals als Objekt in der Wahrnehmung auftauchen kann. Es ist undefinierbar und nicht lokalisierbar, sonst könnten die definierbaren und lokalisierbaren Objekte nicht in ihm erscheinen und nicht von ihm unterschieden werden. Der große weite Raum war also *nicht* das Bewusstsein, sondern auch wieder nur ein *Objekt innerhalb des Bewusstseins*!

Weil Bewusstsein undefinierbar und nicht lokalisierbar ist, kann es nicht wahrgenommen (und auch nicht beschrieben) werden. Begriffe wie groß, weit, leer oder still treffen nicht auf das Bewusstsein zu. Sie entstehen erst, wenn der Verstand sich einmischt und versucht, Bewusstsein gedanklich zu fassen – und in dem Augenblick verschwindet es wieder aus der Wahrnehmung, weil dann Größe, Weite, Leere oder Stille wahrgenommen werden, also *Objekte*. Aber es geht nicht um wahrnehmbare Objekte, sondern um das Subjekt, das diese Objekte wahrnimmt.

Wann immer also irgendetwas Objektives wahrgenommen wurde, konnte ich davon ausgehen, dass es sich dabei *nicht* um das subjektive Bewusstsein handelte.

Für den Verstand ist absolut unbegreiflich, was geschieht, während das menschliche System *gedankenleer* bewusst ist. Der Verstand kann das Bewusstsein weder erkennen noch einordnen, weil er auf das Denken angewiesen ist, das im bewussten Sein fehlt. Deshalb projiziert er im Nachhinein Begriffe oder Bilder auf das Unbegreifliche, so dass es wie ein großer weiter Raum wirkt oder wie Stille, Leere usw.

Weil ich bis zu diesem Zeitpunkt noch nichts anderes kannte, richtete ich meine Aufmerksamkeit auf jenen großen weiten Raum, von dem mein Verstand mir erzählte, dies sei das Bewusstsein. Immerhin fiel mir die Übung leicht, da ich mich inzwischen an sie gewöhnt hatte. Aber sie geschah nicht von selbst, und ich musste mich immer wieder an sie erinnern, denn wie jedes andere Objekt *erscheint und verschwindet* der große weite Raum *abwechselnd*. Nur das ultimative Subjekt ist konstant vorhanden, allgegenwärtig.

Im Laufe dieser Monate intensivierte sich mein Interesse an dem seltsamen Vorgang des menschlichen Handelns. Ohne es mental zu kommentieren, beobachtete ich es so genau wie möglich. Ich erkannte und akzeptierte, dass kein logisch-kausaler Zusammenhang zwischen unseren Handlungen und deren Ergebnissen besteht.

„Wenn kein Ich existiert, das sich irgendetwas wünschen kann", sagte ich eines Tages zu Silence, „und wenn zwischen Wunsch und Erfüllung kein kausaler Zusammenhang besteht, wie war es dann möglich, dass ich mir im Laufe meiner acht magischen Jahre fast jeden Wunsch erfüllen konnte?"

„Ganz offensichtlich lag dem Bewusstsein daran, diese magischen Erfahrungen durch dich zu machen. Es vermittelte dir als Impulse die betreffenden Wünsche und sorgte dann für ihre Erfüllung. All diese Erfahrungen dienten in deinem Fall dazu, dass die Wirkungsweise von Gedanken verstanden wurde. Das Leben legt es anscheinend schon seit deiner Kindheit darauf an, menschliche Illusionen zu entlarven und die Wahrheit zu erkennen."

„Und ich selbst trage *nichts* dazu bei?"

„Selbstverständlich nicht. Es ist einfach nur durch dich geschehen und wird weiterhin geschehen, bis der Prozess beendet ist. Du kannst es weder wollen noch nicht wollen – dich gibt es ja nicht einmal. Obwohl ich mich sehr darüber freue, dich jetzt im Arm zu halten!"

„Na gut", lenkte ich ein. „Es gibt hier kein Ich, das einen freien Willen hat und irgendetwas entscheiden oder tun kann. Aber dann ist immerhin dieser Körper noch der Handelnde!"

„Ja und nein. Der Körper führt gemäß dem kreativen, intelligenten Bewusstsein, das in ihm und durch ihn wirkt, Handlungen aus, die seinen Erbanlagen und seinem konditionierten Verstand entsprechen. Gemäß seinen Vorlieben, Abneigungen und Gewohnheiten hat er bestimmte Erlebnisse. So sieht es jedenfalls von der dualen Ebene betrachtet aus.

Von der absoluten Ebene aus gesehen, hat sich dieser Körper allerdings *niemals* bewegt, während er scheinbar durch die Welt lief und dabei scheinbar alle möglichen Handlungen ausführte und alle möglichen Erfahrungen machte. In Wirklichkeit existiert dein Körper nirgendwo außer in der Wahrnehmung des Bewusstseins – wie die Stripperin nirgendwo existierte außer in der Wahrnehmung deines Freundes. Befand sich ihr Körper *tatsächlich* in deinem Zimmer? Nein. Hat sich ihr Körper *tatsächlich* in deinem Zimmer bewegt? Nein. Und doch hat dein Freund ihren Körper in deinem Zimmer gesehen und angefasst – allerdings nur in seiner eigenen Wahrnehmung.

Körper und Handlungen sind illusionäre Erscheinungen, sind Schöpfungen und Wahrnehmungen eines unpersönlichen bewussten Seins. Im Spiel dieses Bewusstseins erscheint das Körperlose als Körper, das Unbewegte als Bewegung und weist uns damit ständig auf die Realität jenseits der Illusion hin."

Im Mai bat mich der Leiter der Tagesstätte um ein Gespräch unter vier Augen. Er sagte mir, wie zufrieden er mit meiner Arbeit sei und dass er sich entschlossen habe, mich rückwirkend ab Januar zu bezahlen. Nun verdiente ich wieder Geld für meinen Lebensunterhalt. Aber was hatte ich dafür getan, dass meine ehrenamtliche Tätigkeit, die eigentlich nur aus Zuhören bestand, jetzt plötzlich entlohnt wurde? Nichts. Es war von selbst geschehen.

In den ersten Junitagen fuhr ich nach Alpbach, um ein verlängertes Wochenende in stiller Natur zu verbringen und mich möglichst vollständig im bewussten Sein aufzulösen.

Gleich nach meiner Ankunft zog ich die Bergstiefel an und wanderte in Richtung eines Gipfels. Ich konzentrierte mich auf meine eigene Anwesenheit, auf mein Bewusstsein, das alles wahrnahm, was jeweils wahrgenommen wurde. Der große weite Raum machte sich bemerkbar. Durch ihn zogen abwechselnd einzelne Gedanken und gedankenleere Stille hindurch, und in ihm befanden sich mein Körper, die grandiose Landschaft und der strahlend blaue Himmel.

Völlig unbeabsichtigt heftete sich meine Aufmerksamkeit plötzlich an das Bewusstsein, das den Raum genauso wahrnahm wie alle anderen Objekte auch. Im selben Augenblick wurde jenem Raum das gesamte Interesse entzogen, das ich bisher für ihn empfunden hatte. Ohne sich mit irgendeinem Objekt zu beschäftigen, das im Bewusstsein auftauchte, starrte die freigesetzte Aufmerksamkeit gebannt auf die Tatsache, hellwach und bewusst zu sein.

In diesem bewussten Sein wanderte ich weiter. Kurz darauf packte mich ein heftiger Schwindel. Um nicht umzufallen, konzentrierte ich mich auf meine Fußsohlen. Nach wenigen Minuten verschwand der Schwindel, und eine geradezu dramatische Schwerelosigkeit überschwemmte meinen Körper. Jeder wahrnehmbare Bodenkontakt verschwand. Der Körper wurde nach allen Richtungen hin derart leicht, dass ich ihn nicht mehr als *fest und begrenzt* wahrnehmen konnte. Damit wurde die Verbindung zwischen mir und ihm nahezu vollständig gelöst. Wie getrennt von mir bewegte er sich weiter durch die Bergwelt und war dabei überaus entspannt, was ein allgemeines Wohlbefinden hervorrief.

Gelegentlich jedoch überfluteten mich Energiemengen, die so gewaltig waren, dass ich stehen bleiben und mit weit geöffnetem Mund atmen musste, um nicht zu Boden geschleudert zu werden.

Setzte ich danach meinen Weg fort, war das Bewusstsein, bewusst zu sein, immer noch vorhanden. Es nahm den schattigen Weg wahr, die umgebenden Hügel, Berge und Täler, die Geräusche, Farben und Düfte der Natur, Erstaunen und Freude und oft auch Entzücken über das Gesamtgeschehen – sowie einen Körper, der voranschritt, sich aber in keiner persönlichen Beziehung mehr zu mir befand.

Nach etwa einer Stunde erreichte ich den Gipfel. Ich ließ mich auf einer Holzbank nieder, und für lange Zeit blieb mein Bewusstsein auf die Tatsache gerichtet, bewusst zu sein. Es war sehr eindrucksvoll, das Leben derart wahrzunehmen. Wieder machte

ich die Erfahrung, dass Gedanken das Leben nicht bereichern, sondern einschränken: Sie reduzieren es auf einen Vorgang im Verstand. Erst wenn der Verstand stillsteht, kann wahrgenommen
werden, was tatsächlich vorhanden ist: Leben als Gesamtheit, bewusstes Sein, die Realität.

Plötzlich ergriff mich eine überwältigende Hochachtung und
Dankbarkeit gegenüber dem menschlichen Verstand und erschütterte mich zutiefst. Denn er benutzt die in ihn einfließende Lebensenergie dazu, ein kolossales Werk zu errichten! Der Verstand ist der
alleinige Schöpfer dieser Welt und aller Ereignisse. Er erzeugt diesen gesamten Lebenstraum in allen Einzelheiten, all das Glück und
all das Leid, das wir erfahren. Vor allem aber enthält er die Fähigkeit, seine Schöpfung zu hinterfragen und als sein eigenes Hypnose-
Kunststück zu erkennen.

Das ist seine größte Leistung und seine letzte Aufgabe.

Der Verstand kann sich nur mit der Illusion beschäftigen: Er
kann sie erzeugen und schließlich durchschauen. Damit hat er seinen Zweck erfüllt, denn zum Erkennen der Realität ist er nicht
geeignet. Von dem Augenblick an, da es um das Bewusstwerden des
Bewusstseins geht, muss er sich demütig zurückziehen, sein Wissen und sein Nichtwissen in Schweigen hüllen.

Die Suche meines Verstandes war ans Ende gelangt. Mein
Verstehenkönnen hatte das Ende des Verstehbaren erreicht, und damit war mein Verstehenwollen abgeschlossen. Grenzenlose Erleichterung, wie ich sie schon mehrmals erlebt hatte, durchflutete mich.

Bewusstsein ist immer da. Es muss nicht erst gefunden werden,
weil es stets gegenwärtig ist. Wir *können* nur bewusst sein, denn wir
sind bewusstes Sein! Allerdings sind wir uns des Bewusstseins nicht
bewusst, wenn wir unsere Aufmerksamkeit auf die Objekte lenken,
die vom Bewusstsein wahrgenommen werden. Aber sobald wir
unsere Aufmerksamkeit auf unser Bewusstsein richten, bekommt
es die Chance, sich selbst zu erkennen!

Den nächsten Tag verbrachte ich im Liegestuhl auf dem Balkon meiner Pension in der Sonne. Die meiste Zeit über bewegte sich mein Verstand nicht; nur gelegentlich tauchten Einzel-Gedanken auf, die sofort wieder verschwanden, weil ich mich nicht mit ihnen beschäftigte. Ich war mir fast ununterbrochen meiner Wachheit bewusst, meines Vorhandenseins, das einzig in der Tatsache bestand, bewusst zu sein. In diesem Bewusstsein erschienen die Geräusche, die aus dem Tal heraufklangen, die Vögel, die vorüberflogen, die Wespe, die sich auf die Balkonbrüstung setzte, die Schweißperlen, die über meinen Körper rannen, und die seltenen Gedanken. Alles floss mit unbeschreiblicher Leichtigkeit vorüber und erzeugte Entzücken.

Gelegentlich registrierte ich, dass die Sequenz von hellwachem Bewusstsein endete und sich meine Aufmerksamkeit dann auf irgendein Objekt der Wahrnehmung richtete. Da das bewusste Sein jedoch nach einiger Zeit von selbst wieder zurückkehrte, kümmerte ich mich nicht weiter um seine Abwesenheit.

Als die Sonne lange Schatten ins Tal warf, kaufte ich mir ein paar Lebensmittel und aß auf meinem Bett gemütlich zu Abend. In jeder Sekunde war ich mir des Geschehens bewusst, das sich in eben dieser Sekunde vollzog. Es war die leichteste Sache der Welt! Wie konnte ich nur jemals anders gelebt haben?

Am folgenden Tag wanderte ich wieder durch die Berge, mit absoluter Leichtigkeit des bewussten Seins bewusst. Am Morgen meiner Abreise jedoch war das Bewusstsein des Bewusstseins ausgelöscht. Ich merkte es schon beim Aufwachen: Mein Verstand rackerte wie gewöhnlich, und im Vergleich zu den Vortagen empfand ich eine große innere Enge und körperliche Schwere.

Während der nächsten Wochen kam und ging das Bewusstsein des Bewusstseins jeweils von selbst, und ich lernte, dies zu akzeptieren. Als ich die Erfahrung endlich integriert hatte, fiel der Gedanke von mir ab, mich im Alltag um meine Übung bemühen zu müssen. Denn entweder ist eine Sequenz des bewussten Seins gegenwärtig oder nicht. Niemand kann sie herstellen, aber jeder kann sie zur Kenntnis nehmen, wenn sie auftaucht – vorausgesetzt, man ist wirklich an ihr interessiert.

Heute scheint mir das Bewusstsein, bewusst zu sein, vergleichbar mit dem Fahrradfahren: Wir üben es lange, ohne wirkliche Fortschritte zu machen, und plötzlich können wir es, ohne es jemals wieder zu verlernen.

Bewusst und meistens gedankenleer lebe ich mein Leben weiter wie zuvor: Ich sehe, höre, taste, schmecke, rieche; ich denke, falls erforderlich, fühle emotional, begreife intuitiv; ich handle situationsgerecht und spreche verständlich.

Gleichzeitig scheint das alles auf eine seltsame Weise unwirklich zu sein, als ob diese Funktionen zwar ausgeführt werden, keine dieser Funktionen jedoch von mir willentlich eingesetzt oder beendet wird und irgendeinem Zweck oder Ziel dient. Die menschlichen Funktionen finden unmotiviert statt und wechseln sich wahllos ab; nur der Verstand gaukelt uns das Gegenteil dessen vor. Alles passiert ohne jede persönliche Einmischung oder Initiative – und dennoch geschieht alles.

Die unbezweifelbare Erfahrung, dass Denken und Handeln in *keinem* logisch-kausalen Zusammenhang stehen, obwohl sie in zeitlicher Nähe zueinander stattfinden, ist äußerst verblüffend. Handlungen finden statt, und um jede Handlung können sich vorher und nachher Gedanken ranken, die sich mit der Handlung beschäftigen – aber *niemals* ist ein Gedanke der Anlass für eine Handlung.

Noch viel seltsamer ist es, zu beobachten, dass ohne vorheriges Denken auch gesprochen wird. Ich höre mir selbst beim Sprechen zu und wundere mich darüber, was ich sage. Auch das Sprechen ist eine Handlung, die zwar manchmal von Gedanken umrankt wird, aber *was* gesprochen wird, ist vollkommen unabhängig von diesen

Gedanken – Denken ist *nicht* die Voraussetzung dafür, dass wir uns verbal verständigen.

Von der dualen Ebene aus gesehen, erfahre ich im Alltag weiterhin das, was meiner Psyche entspricht und was mein Verstand „nach draußen in die Welt" projiziert. In dem Wissen, dass es Illusionen sind, genieße ich die Erscheinungen. Allerdings wehen sie wie tanzende Sonnenpartikel durch die weit geöffneten Fenster und Türen eines meist leeren Hauses, in dem selten jemand wohnt.

Dabei wird ein solider, fast unerschütterlicher Frieden wahrgenommen, der süß und still ist. Ihm fehlt jegliche Aufregung, aber er enthält meistens ein entzücktes Staunen. Denn es entstehen keine Fragen mehr nach dem Grund für irgendetwas oder nach der Konsequenz von irgendetwas. Auch die Fragen, ob irgendetwas richtig oder falsch, sinnvoll oder unsinnig ist, tauchen nicht mehr auf. Ich bin vollkommen im Frieden mit mir und dem Leben.

Überschwängliche Liebe, die ich als Begleiterscheinung des Erwacht-Seins erwartet hatte, wird nicht empfunden. Ihre Abwesenheit wird allerdings nicht als ein Fehlen von irgendetwas registriert. Denn jener Frieden enthält eine innige Zuwendung zu allen Lebewesen und Ereignissen, die auftauchen, ein tief berührendes Gefühl von Nähe, Zugehörigkeit, Verbundenheit. Die Menschen in der Tagesstätte laben sich daran, und bei alltäglichen Begegnungen mit Fremden kommt es immer wieder zu einem spontanen Austausch gegenseitiger Sympathie.

Dies alles so zu erleben, wird von einer tiefen inneren Freude begleitet. Ich bin meistens glücklich und oft sehr still, staune fast ständig über das Wunder des Lebens und teile mein Entzücken mit Silence.

Das bewusste Sein hat seine frühere Objektivität verloren und leuchtet endlich als Subjekt. Es ist häufig direkt erlebbar als unpersönliche Anwesenheit, ichloses Bewusstsein, lebendiges Dasein. Das bin ich und das sind wir. Das ist alles und alles ist das.

Direkt hinter dem dünnen Schleier unseres illusionären Ich-Gefühls *sind* wir ichloses Bewusstsein, unpersönliche Anwesenheit, lebendiges Dasein. Wir *sind* jenes körperlose Leben, das alle Körper erschafft und wahrnimmt. Als solches existieren wir, *bevor* alles andere auftaucht, *während* alles andere vorhanden ist, und *nachdem* alles andere wieder verschwunden ist.

Wegen unserer Gedanken halten wir uns fälschlicherweise für ein bestimmtes Ich in einem bestimmten Körper, das zusammen mit diesem Körper geboren wird und stirbt. Tatsächlich jedoch entfaltet sich ein universelles Gesamtgeschehen, das als unpersönliches Ganzes umfassend bewusst, höchst intelligent und unbegrenzt kreativ ist. Nur der menschliche Verstand zerteilt es in Einzel-Leben, Einzel-Ereignisse und Einzel-Ichs. Aber es existiert und entfaltet sich *unbeeinflusst* von der Psyche, den Gedanken und Emotionen des Einzelnen – weil es keinen Einzelnen gibt!

Das gesamte Lebensgeschehen steht in keiner wirklichen Beziehung zu dem psychosomatischen System, das unseren Namen trägt und scheinbar der Denkende, Handelnde, Sprechende und Wahrnehmende ist. Leben findet einfach nur statt: Der Große Fluss fließt, Körper bewegen sich, führen Handlungen aus, sprechen miteinander und denken über all das nach. Aber nirgendwo existiert ein persönlicher Beweger der Körper, ein persönlicher Entscheider der Handlungen, ein persönlicher Sprecher des Gesagten, ein persönlicher Denker des Gedachten. *Es gibt keine Einzel-Ereignisse!* Es sieht nur so aus, als sei es „unser" Leben und als hätten wir einen bestimmenden Einfluss darauf. Tatsächlich bewegt sich lediglich Bewusstsein und nimmt die eigene Bewegung zeitgleich wahr. Wir Menschen sind tanzende Wellen auf dem Großen Fluss des Lebens – wir tanzen alle gleichzeitig in einem passgenauen Miteinander. Alles, was geschieht, entsteht in völligem Einklang aus der Gesamtheit des universellen Geschehens heraus, das *Bewusstsein in Bewegung* ist: tanzende Lebensenergie.

Wenn wir über das Leben nachdenken, können wir uns nur irren. Jeder Versuch, die Realität des Lebens zu verstehen und zu beschreiben, lässt eine „Welt im Kopf" entstehen, eine gedankliche Konstruktion, die eine Illusion ist und keine Ähnlichkeit mit der Wirklichkeit hat. Denn wir versuchen, innerhalb der Dualität die Einheit zu erfassen, und das ist unmöglich. Nur anders herum klappt es: Von der Ebene der Einheit können wir die Dualität erkennen.

Dualität:
Alles sieht immer nur so aus
als ob!

Für Menschen, die daran glauben, dass Innen und Außen identisch sind, sieht es so aus, als würden sich persönliche Eigenarten und Überzeugungen im Außen materialisieren. Für Menschen, die *nicht* daran glauben, sieht es *nicht* so aus. Jede Theorie kann sich auf tausend Beweise stützen – und tausend Gegenbeweise widerlegen sie. Das gilt selbstverständlich auch für den Inhalt dieses Buches: Vom Standpunkt der lebendigen Realität gesehen, ist *jede* Zeile, die ich geschrieben habe, ein Irrtum.

Denn trotz aller Ehrlichkeit und Aufrichtigkeit stellt das Geschilderte nur einen gedanklichen Ausschnitt all dessen dar, was ich im Laufe meines Lebens erfahren habe. Außerdem handelt es sich bei dem Inhalt der theoretischen Kapitel um den Versuch, eine logisch-kausale Klarheit in Bezug auf die menschlichen Illusionen und das Erwacht-Sein zu vermitteln. Diese gedanklichen Konstruktionen, um deren Genauigkeit ich mich bemüht habe, sind wie jedes andere Weltbild nicht real.

Ich betone das ausdrücklich, weil der Verstand des Lesers *denken* könnte, um zu erwachen, müsse man verstehen, was ich verstanden habe. Aber Wachsein vollzieht sich jenseits allen Verste

21. Mitten im Leben

hens: in dem gedankenleeren Bewusstsein, bewusst zu sein. Dort findet ein intuitives Begreifen ohne Worte statt, in dem die Realität sich zeigt, um sich selbst zu erkennen.

Wir brauchen uns nicht darum zu bemühen. Falls uns jedoch der Zustand, bewusst zu sein, Spaß macht, werden wir uns einer entsprechenden Übung nicht entziehen. Aber wir strengen uns dabei nicht an, denn dies geschieht wie alles andere von selbst – und in Wirklichkeit geschieht gar nichts.

Unsere Vergangenheit, über die wir uns freuen oder ärgern, hat niemals existiert, und unsere Zukunft, nach der wir uns sehnen oder vor der wir uns fürchten, wird niemals existieren. Vergangenheit und Zukunft sind nur Inhalte eines Traumes, mit dem wir uns so lange gedanklich beschäftigen, bis wir damit aufhören, um wach zu sein.

Wir können uns wirklich entspannen und an dem erfreuen, was wir von Augenblick zu Augenblick für unser eigenes Leben in der Gegenwart halten. Es existiert zwar auch nicht, aber es ist eine wahrhaft göttliche Illusion!

Workshops zum Wachsein:
www.felix-gronau.de

Tony Parsons

Kompromisslos

Die Botschaft dieses Buches ist vollkommen radikal und kompromisslos - ein seltener und einzigartiger Ausdruck des absoluten Nicht-Dualismus. Sie umgeht den Verstand und wendet sich direkt an den Kern einer Weisheit, die in jedem von uns lebendig ist. Wenn die Bereitschaft besteht, zu hören, endet die Suche und alle persönlichen Bestrebungen fallen von uns ab. Dann bleibt nur das Wunder dessen, was ist.

www.theopensecret.com | www.tonyparsons.de

Tony Parsons: Das ist es | 285 Seiten | ISBN 978-3-933496-86-7

jkamphausen   www.weltinnenraum.de

Jan Kersschot

Befreiung

Dieses Buch kann als Initiation in eine neue Sichtweise dienen, in die Erkenntnis, dass eine andere Möglichkeit existiert, die einfach alles verwandelt.

Es gibt keine Garantie, dass durch das Lesen dieses Buches neue Einsichten vermittelt oder Probleme gelöst werden, doch es wird einige Konditionierungen und Glaubenssätze nehmen, so dass erkennbar wird, dass man keinem Weg zu folgen braucht, um Befreiung zu finden. Niemand kann dir sagen, was du tun oder wohin du gehen sollst. Vielleicht entdeckst du, dass dein wahres Wesen über alles hinausgeht, was du dir bisher vorgestellt hast, und dass dein Gewahrsein nicht auf die Aktivität deines Gehirns begrenzt ist, sondern die Grenzen von Körper und Geist sprengt. Diese Entdeckung relativiert viele Konzepte und Glaubenssätze und kann dir zu innerem Frieden verhelfen.

Vielleicht entdeckst du die Unendlichkeit im schlichten Alltag wieder. Wenn alle Illusionen genommen sind, kann das Leben zur Einfachheit zurückfinden.

www.kersschot.com

Jan Kersschot: Niemand zu Hause | 210 Seiten | ISBN 978-3-933496-72-0

jkamphausen www.weltinnenraum.de

Leslie Temple-Thurston
Brad Laughlin

SCHLÜSSEL

Die sieben Schlüssel – einfache, effektive und wertvolle Werkzeuge

In jedem von uns fließt ein Strom des Lichts, der reinen Intelligenz und Liebe. Wenn dieser Fluss vom Kopf bis zu den Füßen frei fließen kann, sind wir glücklich, fühlen uns erfüllt und sind uns unserer wahren Natur als ewige, zeitlose Wesen bewusst. Doch leider stellen wir oft fest, dass der Fluss nur ein dünnes Rinnsal ist.

Rückkehr zur Einheit weist auf Hindernisse hin, die den Fluss des Lichts innerhalb des Körpers einschränken und zeigt uns, wie wir mit Hilfe dieser einfachen, auf den uralten Lehren der Nicht-Dualität beruhenden, sieben Schlüssel unser volles Potential erwecken können.

Weitere Infos: www.corelight.org

Leslie Temple-Thurston/Brad Laughlin:
Rückkehr zur Einheit | 150 Seiten | ISBN 978-3-933496-79-9

jkamphausen   www.weltinnenraum.de

...hier geht's weiter!

Verehrte Leserin, verehrter Leser,

wir laden Sie herzlich ein, mit uns neue, inspirierende und multimediale Wege zu gehen.

ONLINE

informieren – austauschen – mitwirken – begegnen

Nutzen Sie die vielen Möglichkeiten unserer Website.

- Info-Pakete & Online-Kurse
- Mitschnitte & Tageslosungen
- Aktionen, Foren & Newsletter
- Communities in „mein.weltinnenraum.de"
- Blogs und Vlogs, u. ä.

Wir freuen uns auf Sie

Ihr

Joachim Kamphausen, Verleger

weltinnenraum.de

J.Kamphausen | Mediengruppe